新时代航空服务类系列教材

总主编 陈倩 李俊 谢嫒嫒

民航法规实务

主编 王 皎 姚 艳 何嫒嫒

重庆大学出版社

图书在版编目（CIP）数据

民航法规实务 / 王皎, 姚艳, 何媛媛主编. -- 重庆：
重庆大学出版社, 2025.1. -- （新时代航空服务类系列
教材）. -- ISBN 978-7-5689-4869-2

Ⅰ. D922.296

中国国家版本馆CIP数据核字第20241QP159号

民航法规实务

MINHANG FAGUI SHIWU

主编 王 皎 姚 艳 何媛媛

责任编辑：唐启秀　　　版式设计：唐启秀
责任校对：刘志刚　　　责任印制：张 策

*

重庆大学出版社出版发行

出版人：陈晓阳

社址：重庆市沙坪坝区大学城西路21号

邮编：401331

电话：（023）88617190　88617185（中小学）

传真：（023）88617186　88617166

网址：http://www.cqup.com.cn

邮箱：fxk@cqup.com.cn（营销中心）

全国新华书店经销

重庆正文印务有限公司印刷

*

开本：787mm×1092mm　1/16　印张：14　字数：266千

2025年1月第1版　　2025年1月第1次印刷

ISBN 978-7-5689-4869-2　　定价：56.00元

20世纪初莱特兄弟发明飞机以来，民航业在世界范围内以蓬勃之势迅猛发展，民航业已然成为各国相互沟通的重要桥梁。中国的民航业虽然起步相对较晚，但蓬勃发展之势不可阻挡。

突如其来的新冠疫情对世界民航业产生了一定冲击，但这并不影响民航业的复苏与继续发展，尤其是对正阔步与世界交融的中国民航业而言。随着我国自主研发的C919问世并成功实现商业首飞，中国在世界民航业的地位进一步提升。同时，与之密切相关的空中乘务专业、机场运行服务与管理专业、航空服务艺术与管理专业等将有更好的"生存土壤"和发展空间。

基于此，为进一步加强新形势下的专业发展，全面提高民航服务人员的综合素质，提升其服务水平，培养适合中国式现代化发展水平的民航服务人才，我们决定组织编写一套既符合专业特性又有别于现有教材，既有行业可操作性又具理论深度的"新"教材。为体现"新"，本套教材进行了五个方面的思考。

一是注重课程思政内容。本套教材特别突出课程思政内容，以为党和国家培养人才为目的。或以鲜活案例呈现，或在教材知识点中体现，以此培育学生爱党、爱国、爱职业的思想，不断植入社会主义核心价值观，着实践行"三全育人"理念。

二是兼顾不同教学层次，力争符合本专科学生的课程学习要求。航空服务艺术与管理专业和空中乘务专业，培养目标有相似之处，即培养机上服务人员的相关能力相似，只是前者立足于本科生，后者立足于专科生。并且由于民航业的特殊性，关于技术操作，本专科的学习内容是一致的，且无论本科还是专科，该部分内容皆是学习重点。因此，针对这些内容本套教材实现了全覆盖。而本专科教学层次不同的部分，本套教材主要以"拓展内容"的形式体现本科教学所需的"两性一度"，即高阶性、创新性和挑战度，方便教师指导学生。

三是本套教材大致为两种体例。理论性较强的，按传统章节的形式呈现；实践性较强的，按任务式或工作手册的形式呈现。但无论何种体例，每章或每个项目内容均以问题为导向，并附有思维导图，不仅方便教师明确该部分内容的教学目标、重点和难点，更方便帮助学生梳理知识与知识之间、章节与章节之间的逻辑关系。

四是本套教材的实践性内容所占比重较大且数字化程度较高。本套教材的实践性内容占比近50%，其与航空服务艺术与管理专业、空中乘务专业的专业特性相符；方便使用该教材的教师在日后建设国家一流课程时所用。同时，为方便广大师生的使用，教材顺应了时代发展，大力彰显教材的数字化特性，实践性内容都附有相关视频和课件。

五是部分教材体现"1+X"的职业教育理念。无论何种教学层次，该专业的首要任务都是强调教学内容的实践和运用。为全面提升学生的行业竞争力，教材遵循"1+X"职业教育理念。凡是涉及职业资格证书的教学内容，教材皆对相应职业资格证书及其获得途径进行了介绍。

为如愿达成上述目标，我们聘请了业内资深专家对全书进行了内容规划和指导，请航空服务艺术与管理专业以及空中乘务专业的一线老师执笔。这些老师既有丰富的飞行经验，又有较高的理论水平，分别从教于专门的民航院校以及综合院校的相关专业。

由于种种原因，本套教材还存在诸多不足之处，以待后续完善。敬请各位同仁在日后的使用过程中批评指正！

丛书编者

2023 年 6 月

前 言

　　在全球化和信息化时代背景下，民用航空作为连接世界各地的重要交通方式，其相关法律规制与实践操作的复杂性日益增加。《民航法规实务》教材旨在为民航类、法学类及相关专业的学生提供全面、深入的民航法律知识，课程内容融入了思政元素，旨在塑造学生对法治的深刻理解和对社会的责任感。教材的编排强调了理论学习与实践应用的结合，旨在激发学生的批判性思维，并提升他们解决现实问题的能力。

　　教材的结构和内容安排希望为学生提供一个清晰、有逻辑的学习路径，同时确保覆盖民用航空法律的关键领域和最新发展。以下是教材的结构和内容说明：

　　第一部分：民航法基础理论与国际框架。主要介绍民航法的基本概念、特征和作用，为学生奠定扎实的理论基础。阐述国际民用航空组织（ICAO）和其他国际机构的作用，以及国际公约和协议对民航法的影响。分析国际民航法的基本原则，如领空主权、航空自由和安全标准等。

　　第二部分：国内民航法律体系。深入讲解《中华人民共和国民用航空法》的主要内容和特点，包括航空器注册、航空运输合同、航空安全等。探讨中国民用航空局及其地区管理局的职责和管理体系，讨论中国民航法律与国际法律的衔接和协调。

　　第三部分：民航法律实务与案例分析。通过具体案例，如航班延误、航空事故调查、乘客权益保护等，分析民航法律的实际应用。引导学生运用法律知识解决实际问题，培养其批判性思维和实务操作能力。结合课程思政，强调法律背后的伦理道德和社会责任。

　　第四部分：特定领域法律规制。针对通用航空、航空安全、航空器适航管理等特定领域，提供详细的法律规制说明。分析特定领域内

的最新法律动态和挑战，如无人机法规、航空环境保护等。

第五部分：国际合作与区域一体化。研讨航空业中国际协作的关键性，涵盖双边条约和区域性合作机制的影响。分析跨国诉讼和国际仲裁在解决民航争议中的应用，强调国际法律合作的必要性。

第六部分：配套建设有电子题库和相应的学习资源。提供电子题库链接，供学生进行课后练习和自我评估。包含扩展阅读材料、最新法律法规更新、国际会议和研讨会信息等，鼓励学生自主学习和深入研究。

本教材的独特之处主要体现在以下几点：

1. 系统性与全面性：教材内容覆盖民航法的基本原理、核心法规、国际公约以及国内外的实践案例，确保学生能够系统掌握民航法律的基本知识和最新发展动态。

2. 实用性与操作性：通过引入国内外的典型案例，如"李华诉某航空公司航班扰乱行为案"，教材不仅提供了法律分析的视角，还强调了法律规则在实际操作中的应用，有助于增强学生的实践操作能力。

3. 互动性与技术性：教材配备了电子题库系统，作为学生课后自我检测和深化理解的工具。题库题型丰富，包括选择题、案例分析题和模拟法庭辩论等，旨在通过互动式学习，提高学生的分析问题和解决问题的能力。

4. 思政教育的融入：在介绍民航法律知识的同时，教材注重法治精神和社会主义核心价值观的培养。例如，在案例分析中，不仅讨论法律责任和赔偿问题，还引导学生思考法律背后的社会公正和道德责任，在传授专业学科知识的过程中，本课程同样致力于引导学生树立正确的价值观念和法治理念。

5. 国际视野的拓展：教材在介绍中国民航法律的同时，也关注国际民航法律的发展和国际合作，鼓励学生以全球视野理解民航法律的多元性和复杂性，为将来参与国际民航法律事务打下坚实的基础。

通过本教材的学习，学生不仅能够掌握民航法律的基本框架和关键概念，还能通过案例分析、法律解读和思政教育的结合进行学习，不仅可以获取专业知识，也可以增强法律意识和社会责任感。教材电子题库的设置，使得学生能够及时检测学习成果，加深对教材内容的理解和应用；同时经过电子题库的辅助学习，学习过程更加灵活和高效，有助于学生巩固知识，提升分析和解决问题的能力。本教材旨在为学生提供一个全面、实用、深入、互动的学习体验，使其成为民航法律的学习指南，并借此把他们培养成为既懂法律又具备国际视野的民航法律专业人才。

致　谢

在《民航法规实务》教材即将付梓之际，除了两位一同编撰的伙伴，还要向所有参与和支持教材编写的同仁表示最深切的感谢。

首先，我要特别感谢陈倩教授，贵州民族大学民族学与历史学学院的杰出学者，她不仅提供了参与民航专业系列教材撰写的宝贵机会，还以其深厚的学术底蕴和严谨的治学态度，为教材提供了宝贵的撰写经验，同时为教材的整体构想提供了重要建议。

胡卫东教授，贵州民族大学法学院的资深法律教育者，他的法律专业知识和丰富经验为教材的法律准确性和实用性提供了坚实的保障。

刘俊副教授，感谢他在百忙之中抽出宝贵时间，对教材内容撰写提出细致的建议，他的专业见解和建设性意见极大地提升了教材的专业水平。

徐振华主任，贵州筑垣律师事务所的核心成员，他在法律实务方面的深厚经验和独到见解，为教材中的案例分析和实务操作提供了宝贵的参考。

郑珂律师（泰和泰律师事务所的中坚力量），以及吴娜律师（贵州黔法律师事务所的杰出代表），感谢他们将丰富的法律实务经验融入教材，使之更加贴近实际，更具有指导意义。

唐娇副主任，现任北京广慧金通教育科技有限公司驻贵州民族大学工作处副主任，以及贵州双龙航空港经济区党政办公室周国际副主任，感谢他们在教材编写过程中提供的行业洞察和行政支持，为教材的实用性和前瞻性提供了有力支撑。

每一位参编人员的专业贡献和无私支持，都是教材能够顺利完成的重要因素。在此，向你们表达最诚挚的谢意，感谢你们的智慧和努力，使得《民航法规实务》教材能够更好地服务于学术界和实务界，为培养民航法律专业人才贡献力量。

目 录

>>> >>> 单元一

民航法及其立法概述

　　航空业是现代交通网络的关键一环，对推动全球经济和社会发展具有不可替代的影响。为了确保航空运输的安全、高效和有序运行，各国纷纷制定了一系列的民用航空法律法规。

　　本单元从最基础的概念、性质、特点等内容入手，介绍国内外民用航空立法的发展动态、起源和演变以及国际民用航空组织（ICAO）的主要法规和文件，中国民用航空立法的主要内容、发展和体系等方面的内容，为后续深入学习民航法律规制提供充分的基础信息、足够的知识来源。

导入案例 1

案例背景：

近年来，随着民航业的快速发展，航班延误、扰乱行为等问题逐渐凸显。然而，在法律条文明确规定之前，我国民航法律体系中对于此类行为的规范并不完善，导致一些不法分子利用法律漏洞，恶意扰乱航班秩序，给航空公司和其他乘客带来严重损失。

案例描述：

李华经常因商务需要而四处奔波。某日，他乘坐某航空公司的航班从A市前往B市。登机后，李华发现一名乘客在机舱内大声喧哗、随意走动，严重干扰了其他乘客的休息。李华向机组人员反映了该情况，但机组人员表示，由于当时没有明确的法律条文规定如何处理此类行为，所以他们无法采取有效措施制止该乘客的扰乱行为。航班最终因该乘客的行为延误了一个小时。

抵达B市后，李华向该航空公司投诉，要求航空公司对做出扰乱行为的乘客进行处罚，并赔偿因此造成的损失。航空公司表示理解李华的诉求，但同样因为缺乏法律依据，他们无法对做出扰乱行为的乘客进行处罚，只能表示歉意并承诺加强内部管理，避免类似事件再次发生。

案例转折：

不久后，中国民用航空局针对航班扰乱行为等问题，制定并颁布了新的法律法规。新法明确规定，对于在民航领域内恶意扰乱航班秩序的行为，将依法追究相关责任人的法律责任。

请思考并回答：

通过上述案例的信息描述，你从中能否得到相关的法律启示？具体是什么？

项目一 民航法

任务一 了解民航法的概念

一、概念

概念是对事物或现象的抽象概括和总体描述，是通过对大量具体事物的观察、分析和归纳而形成的一种思维工具。概念是我们认识和理解世界的基础，它们帮助我们对信息进行组织和分类，并进行有效的思考和沟通。当我们第一次接触和认识某一新事物的时候，首先要学习和掌握的就是概念。

民航法为航空运输行业的合规健康运行勾勒出了法律框架，对于维护航空安全、促进航空业的发展以及保障各方权益起着重要的规范和保障作用，其概念有广义和狭义之分。广义上讲，民航法涵盖了规范民用航空及其相关事务的法律体系，包括航空公司、机场运营、航空器管理、飞行人员职责、飞行安全以及航空运输等各方面的法律条款。其目的是确保民用航空的秩序，保障飞行安全，并推动航空业的持续发展。而狭义上的民航法，则专指《中华人民共和国民用航空法》，该法案是在 1995 年 10 月 30 日由第八届全国人民代表大会常务委员会第十六次会议审议通过，并自 1996 年 3 月 1 日起实施。

综上所述，民航法是一个包含广泛内容的法律范畴，它覆盖了众多领域和方面，包括一系列法律、法规、规章和国际公约；它既是调整民用航空领域社会关系的法律规范总称，也可以特指某一具体的法律文件，同时还包括航空器及其运行的法律规则的总和。无论是从哪个角度来看，民航法都是保障民用航空活动安全、有序进行的重要法律基础。

二、调整对象

调整对象是指法律规范所作用的特定社会关系或行为领域，通俗地说，是指法律

要解决的问题、要处理的各种社会关系。各类法律针对其特定的调整目标而制定，即法律不同，其调整对象亦不同。

民航法主要针对的是民用航空领域内的各种社会联系和互动，故民用航空活动所涉及的各种社会关系作为民航法的调整对象，被民航法所调整。例如，民航法需要调整航空器及其与运行相关的社会关系，包括航空器的设计、制造、运营和维护等方面的规定，以确保航空器的安全性和适航性，还要规范对航空事故的调查和处理程序，保障事故受害者的权益。另外，就民航法调整对象所涉及的各种社会关系进行划分，分为纵向的不平等民航主体之间的社会关系和横向的平等民航主体之间的社会关系两种，前者主要指民航行政管理部门和航空公司之间、航空公司和员工之间的社会关系，后者主要指航空公司与航空公司之间、乘客与航空企业之间的社会关系。

对民航法调整对象的规定，旨在通过法律规范来保障航空活动的安全、有序进行，维护各方当事人的合法权益。

任务二　掌握民航法的性质和特点

一、性质

性质通常是指事物固有的基本特征，这些特征使得事物能够被区分出来。民航法的性质，侧重于描述民航法在法律体系中的定位和基本属性，是对民航法的总体概括，强调其在法律分类中的归属，且具有相对的稳定性。

（1）国际性：民航活动具有跨越国界的特点，因此民航法受到国际公约、国际惯例和国际航空组织的规范和影响。这使得民航法在国际范围内具有一定的统一性和协调性。

（2）高度技术性：民航涉及飞行器的设计、制造、运营等多个技术环节，民航法需要对这些技术问题进行规范和管理。因此，法律规范需要具备较强的专业性和科学性。

（3）高安全性要求：在民航领域，飞行安全始终是最重要的考量，民航法对安全标准、飞行规则、飞行员资质等方面有着严格的规定，以确保飞行安全。

（4）快速发展性：民航业发展迅速，技术和运营模式不断更新，民航法需要及时跟上行业发展的步伐，不断调整和完善相关规定。

（5）公私法融合：民航法既涉及公共利益的保障，如航空安全、市场监管等，同时又涵盖了私人主体间的权利和责任关系，例如航空运输协议等。

（6）社会影响大：民航运输关系到广大公众的出行安全和便利，一旦发生事故或纠纷，可能会产生较大的社会影响。因此，民航法的实施和执行需要高度的严谨性和公正性。

上述性质使得民航法在法律体系中具有独特的地位和作用，也决定了它在调整民航领域的社会关系时需要采取特殊的法律规则和措施。

二、特点

特点则更侧重于描述事物独特的、显著的属性，这些属性可能并不一定总是存在，也可能因环境或其他因素的影响而有所变化。

民航法的特点强调民航法自身所具有的独特特征，是从具体方面对民航法进行的描述，侧重于其与其他法律领域的区别，同时也突出民航法随着时代和行业发展的变化而有所改变。

（1）国际性：由于民航活动的国际性，民航法受到国际公约、国际惯例的影响，并且需要与其他国家的民航法规相协调。

（2）安全性：安全是民航的首要原则，民航法对航空器的适航、飞行员的资质、飞行规则等都有严格的规定。

（3）技术性：民航涉及许多专业技术领域，如航空器设计、制造、维修等，民航法需要对这些技术问题进行规范。

（4）复杂性：民航活动涉及多个环节和主体，如航空公司、机场、乘客、飞行员等，民航法需要调整各方之间的权利义务关系。

（5）平时性：民航法主要关注和平时期的民用航空活动，不涉及军事、海关、警察等特定领域的航空活动。

（6）变动性：随着科技的发展和民航业的变化，民航法也需要不断修订和完善，以适应新的形势和需求。

这些特点使得民航法成为一个相对独立和专业的法律领域，需要相关从业人员和管理者深入了解和遵守。

总的来说，学习掌握性质和特点都是为了更好地理解和把握民航法的本质与特征，只是角度有异，侧重点略有不同而已。

项目二　国际民航立法

任务一　了解国际民用航空立法的起源和演变

一、国际民用航空立法的起源

（一）前史

工业革命推动了航空技术的飞速发展，飞机从最初的实验性质逐渐转变为实用的交通工具。在 1903 年，莱特兄弟完成了人类首次依靠动力的飞行，这不仅预示着航空纪元的开启，也显示着人类对航空的探索和进步进入快速发展的阶段。第一次世界大战爆发后，飞机被广泛应用于军事领域，成为战争中的重要武器，故此时的航空活动具有军事化的特点。正因如此，早期的航空活动主要局限于军事和探险领域，民用航空的发展相对滞后。这一时期，航空器主要由军方控制，相关的法律和规定也主要服务于军事目的。

（二）20 世纪初：国际航空初探

战争结束后，随着 20 世纪初国际关系的复杂化，以及各国间经济交往的增多，各国开始认识到航空在民用领域的潜力，航空器的民用价值逐渐受到重视，各国开始着手探索航空的和平利用。这一阶段出现了首批针对航空活动的国际条约，例如《巴黎航空公约》。这些条约旨在建立统一的航空器识别、空中导航和飞行规则等标准，为后来的国际民用航空立法奠定了基础。

二、国际民用航空立法的初步形成

1944 年，为应对"战后"国际航空运输的混乱状态，52 个国家的代表齐聚美国芝加哥，举行了国际民用航空大会。该年的芝加哥大会成为国际民用航空法规发展的里程碑。在此次大会上，各国代表共同签署了《国际民用航空公约》（也称《芝加哥公约》）。《芝加哥公约》奠定了国际民用航空的基本准则，包括航空器的国籍、空中航行、适航标准、安全措施等内容，成为国际民用航空立法的基石。

同时，为了精准实施《芝加哥公约》，与会代表还决定成立国际民用航空组织（ICAO）。ICAO 作为联合国下属的专门机构，负责协调各国之间的民用航空活动，推动国际民用航空立法的发展。

三、国际民用航空立法的发展与完善

（一）1963 年：《东京公约》《海牙公约》与航空器劫持问题

20 世纪 60 年代，随着民用航空的蓬勃发展，航空安全问题日益凸显，同时《芝加哥公约》逐渐暴露出一些不足之处。为了适应新形势的需要，ICAO 分别于 1963 年和 1970 年在东京和海牙召开会议，对《芝加哥公约》进行修订和完善，分别形成了《东京公约》和《海牙公约》。

这两个公约不仅进一步明确了国际航空运输中的责任与赔偿问题，还为国际航空运输的健康发展提供了有力保障，其中《东京公约》主要针对航空器劫持事件，规定了相应的预防和应对措施。这一时期，国际社会对于航空安全的重视程度大幅提高。

（二）1987 年：《蒙特利尔议定书》与环境保护

面对日益严重的环境污染问题，国际民用航空立法开始关注环境保护。1989 年，《蒙特利尔议定书》生效，该议定书主要针对航空器的尾气排放问题，规定了相应的限制标准。这一时期的立法反映出国际社会对于可持续发展理念的初步实践。

（三）多式联运与国际民用航空立法的融合

随着全球经济一体化的深入发展，多式联运逐渐成为国际贸易中的重要方式。为了适应这一趋势的发展，ICAO 积极推动多式联运与国际民用航空立法的融合。通过制定相关法规和标准，确保多式联运在国际航空运输中的顺利实施，如欧洲共同体通过的《欧洲共同航空区域协定》。

（四）21 世纪初：《北京公约》和《北京议定书》

在 2010 年，一项具有里程碑意义的国际民航条约——《北京公约》，由国际航空

保安公约外交大会在北京制定，它标志着首次以中国城市命名此类国际民航公约。这项公约旨在强化全球民航业的法律框架，确保航空运输的安全性和秩序性，同时促进了航空业的健康发展。该公约是一个重要的国际民用航空安全公约，其核心内容涉及对危害民用航空安全的不法干扰行为进行明确界定，规定了各缔约国对此类行为的司法管辖权，以及对违法行为的严格惩处。它吸纳了国际反恐公约中的有效条款，并包含了引渡和司法互助的义务，同时涉及争端解决和公约的生效条款。此公约填补了先前航空安全公约的不足，对国际航空安全公约体系进行了补充和完善，扩展了对危害国际民用航空安全行为的刑事制裁范围，并强化了对民用航空安全的防护措施。

中国批准该公约，显示出中国民航对打击民航业相关的国际犯罪行为以及确保航空运输安全的坚决态度。此公约的采纳将对中国航空运输业的持续安全与健康发展起到正面作用，保障乘客的生命和财产安全，并助力于新时代民航业的高品质成长，促进民航管理架构和管理能力的现代化进程。

自 2000 年以来，全球变暖问题引起了国际社会的广泛关注。《北京议定书》从 2023 年 12 月 1 日起对中国正式生效，该议定书允许航空公司通过购买碳排放配额来履行减排义务。这一时期的立法标志着国际民用航空立法在环境保护方面迈出了实质性的一步。

（五）当代：全球化与新兴技术的影响

随着全球化进程的加速和新兴技术的发展，国际民用航空立法面临着新的挑战和机遇。例如，无人机技术的兴起对空中航行规则和安全标准提出了新的要求；人工智能的发展则引发了关于航空器驾驶自动化和空域管理的新思考。同时，国际合作在解决跨国航空争端、制定统一标准等方面的重要性日益凸显。

国际民用航空立法作为规范国际航空活动的重要法律体系，经历了漫长而曲折的发展历程。从工业革命时期的航空技术飞速发展到第一次世界大战的航空军事化，再到芝加哥会议的初步形成以及后续的发展与完善，都体现了人类对于航空事业的不懈追求和探索精神。从最初的军事控制到如今的全球化合作，国际民用航空立法在确保航空安全、促进经济发展和保护环境等方面发挥了重要作用。面对未来新兴技术的挑战和全球化进程的深入发展，国际民用航空立法将面临更多的挑战和机遇，需要不断创新和完善，以适应新时代的需求和发展，继续推动全球航空事业的可持续发展。

知识案例 1

案例描述：

　　国际民用航空组织（ICAO），作为全球航空运输领域的核心国际机构，承担着制定国际航空标准和规章的职责。随着航空技术的快速发展和全球航空运输量的不断增加，ICAO 的标准和规章也在不断演变，以应对新的挑战和确保航空安全。

　　ICAO 的成立标志着国际民航领域开始有了统一的立法框架。当时，ICAO 主要关注航空器的适航标准和安全监管，制定了一系列的基本标准和建议措施。然而，这些早期的标准和措施相对简单，主要基于当时的航空技术水平和飞行经验。

　　随着航空技术的迅速发展和航空器种类的增多，原有的适航标准和安全监管措施逐渐捉襟见肘。在 20 世纪 50 年代到 60 年代，ICAO 相继制定了一系列更为严格的适航标准和安全监管措施，尤其是在飞机的设计、生产、管理和维修环节。

　　进入 21 世纪，随着全球航空运输量的迅猛增长和航空安全问题的日益突出，ICAO 再次对相关法律进行了重大修订。尤其是在 2001 年，ICAO 采纳了《国际民用航空公约》的第 13 号附件，即《航空器事故和事故征候调查》，为全球的航空事故调查提供了统一的法律框架和程序。

　　此外，为了应对恐怖主义和非法干扰等新型安全问题，ICAO 还制定了一系列新的安全监管措施，如加强航空安保、实施旅客身份验证等。

请思考并回答：

　　通过上述案例的信息描述，能否激发你对国际民航立法的思考？是什么？

任务二 掌握国际民用航空组织（ICAO）的主要法规和文件

国际民用航空组织（ICAO）是联合国下属的机构，专门负责协调和监管国际航空运输事宜，总部设在加拿大蒙特利尔，截至目前有 193 个成员国。

自 1946 年起，我国正式加入国际民用航空组织。1971 年 11 月，该组织的理事会通过决议，确认了中华人民共和国政府代表为在国际民用航空组织中代表中国的唯一合法代表。该国际民航组织的主要法规和文件，大致分为两类。

一、技术标准和建议措施

技术标准和建议措施，即针对民航的技术性问题制定的标准和建议措施。

二、法律文件

法律文件即涉及民航的国际条约和协议。在这些规定中，具有强制效力的是国际条约及其补充公约附件，而不具备强制效力的则是国际民用航空组织所发布的文档。

在上述分类的基础上，国际民航组织的主要法规和文件如下。

（一）《芝加哥公约》

《国际民用航空公约》通常被称作《芝加哥公约》，它是国际民用航空组织的基石性法律文件，它不仅确立了国际民航组织的目标、职责和权力范围，还规定了国际民航的基本原则和技术规则。这个公约自 1947 年以来已进行了多次修订，以适应不断变化的国际民航环境。

（二）《芝加哥公约》附件

《芝加哥公约》的附件起到了对主公约的扩展和深化作用，涵盖了众多详细的技术准则和建议性的操作措施。目前共有 19 个附件，分别涵盖了不同的主题，如空中交通管理、飞行运行、机场设施、航空器注册等。

（三）其他法规和文件

除了《芝加哥公约》及其附件，国际民航组织还制定了许多其他的法规和文件。

（1）《国际航空服务过境协定》：这是一个关于国际航班过境的协定，目的是促进国际航班的自由流动。

（2）《蒙特利尔公约》：这是一个关于统一承运人赔偿责任制度的公约。

（3）关于导航卫星服务的国际法律框架：这是一份关于导航卫星服务的国际法律文件，旨在规范和指导全球的导航卫星服务。

除此之外，国际民用航空组织（ICAO）也出台了其他的一些文件，如《国际民航组织年度报告》《国际民航组织新闻公报》等，用于向成员国和公众传达组织的工作和最新动态。

以上就是国际民航组织的主要法规和文件，它们共同构成了国际民航的法律体系，为全球民航事业的发展提供重要的法律依据和指导。

知识案例 2

案例描述：

随着全球航空业的快速发展，航空碳排放问题逐渐凸显并成为国际社会关注的焦点。为了应对这一挑战，国际民用航空组织（ICAO）开始着手制定相关的国际法律法规，以推动航空业减少碳排放，实现可持续发展。

自 20 世纪 90 年代起，飞机的二氧化碳排放问题逐渐成为全球关注的焦点。为了应对这一问题，ICAO 开始着手制定相关的国际法律法规。经过多年的讨论和谈判，2017 年，ICAO 正式通过了航空器二氧化碳排放标准，并将其写入《国际民用航空公约》附件，为全球航空业减少碳排放提供了统一的国际法律框架。

该法规对航空领域产生了深远的影响。首先，它激发了航空技术的进步和革新。为了符合新的碳排放标准，航空器制造商需要不断研发新的技术，提高航空器的燃油效率和减排能力。这一进展加速了航空技术的进步，为航空产业开辟了新的增长机遇。

其次，它还促进了航空产业向环保方向的转型。面对日益严格的碳排放标准，航空公司需要采取一系列措施来减少碳排放，如优化航线、提高运营效率、推广生物燃料等。这些措施不仅有助于减少碳排放，还能提高航空公司的竞争力，推动航空业的绿色转型。

最后，它促进了国际间的协作。降低航空业的碳排放量需要全世界国家的协同努力。通过 ICAO 的立法，各国能够加强合作，共同应对航空碳排放问题。这不仅有助于推动全球航空业的可持续发展，还能加强国与国之间的交流与合作，促进全球经济的繁荣与发展。

请思考并回答：

通过上述案例，请归纳总结民航（国际民用航空组织）立法对推动航空业发展的重要作用主要体现在哪些方面。

项目三　中国民用航空立法

任务一　了解中国民用航空立法的历史和发展

中国民用航空事业的起源可以追溯至 20 世纪初，经历了百年沧桑，中国逐渐发展成为世界上最具活力和潜力的航空市场之一。在这个过程中，民用航空立法作为保障航空安全、促进航空经济发展的重要手段，发挥了至关重要的作用。随着时代的变迁，中国民用航空立法经历了多个阶段，并逐步完善和规范，为中国民航事业的快速发展提供了法律保障。

一、早期摸索与起步阶段（1909—1949 年）

20 世纪初，随着航空技术的进步和国际航空交流的增加，中国开始尝试进行民用航空立法。然而，由于当时国家落后、经济基础薄弱等，相关立法工作进展缓慢。

1912 年：冯如操控着他自行制造的飞机在广东上空进行了飞行展示，这一事件被视为中国首次有人驾驶的动力飞行。

1920 年：北洋政府颁布《航空条例草案》，这是中国第一部关于航空的法规。

1921 年：中华民国交通部[1]成立航空署，统一管理全国航空事务。

1929 年：国民政府颁布了《国民政府之航空计划》，涉及航空基础设施建设，特别是飞行场站的建设。

抗日战争与解放战争时期：这一时期，中国的民用航空事业受到严重破坏，立法工作陷入停滞。尽管如此，一些地方和机构仍然努力维持民用航空活动，这为后来民用航空事业的恢复和发展打下了基础。

1　中国第二历史档案馆（shac.net.cn）。

二、初步发展阶段（1949—1978 年）

中华人民共和国成立初期，国家在大力发展民航事业的同时，也积极推进民航领域的法制建设。在此期间，中国颁布了一系列与民航有关的法律法规，这些法规初步建立了中国民航法规体系的框架。

1949 年：随着中华人民共和国的成立，政府成立了民航局来监管民用航空的相关事务。

1956 年：颁布《中华人民共和国民用航空管理暂行条例》，奠定了新中国民航事业发展的基础。

1965 年：发布《外国人乘坐中国民航班机管理办法》，逐步开放国际航班。

随着民航业务的不断发展和国际交流的增加，原有的《中华民国航空法》已不适应新形势的需要。因此，国家对相关法规进行了更新和改进，并在数十年后颁布了《中华人民共和国民用航空法》，为民用航空业的繁荣提供了坚实的法律支持。

不仅如此，1949 年后，中国积极参与国际航空组织的活动，与其他国家开展广泛的合作与交流。在此过程中，中国不仅吸收了其他国家的先进知识和技术，还积极参与国际规则的制定和完善，提高了自身在国际航空领域的地位和影响力。

三、快速发展阶段（1978—2000 年）

随着改革开放的深入，中国民航业获得了迅猛发展的良机。为了适应民航事业的发展需求，国家加强了民航立法工作。这一时期出台了《中华人民共和国民用航空法》《民用机场管理条例》《中国民用航空飞行规定》等一系列法律法规，这些规范进一步健全了中国的民航法律框架，为民航业的繁荣提供了坚实的法律支持。

1980 年：中国民航开始引进外国先进客机，推动民航运输业的现代化。

1995 年：《中华人民共和国民用航空法》出台，标志着中国民航业的一个重要转折点。

1996 年：实施《中华人民共和国民用航空安全保卫条例》，提升了航空安全防护措施。

四、新时代的发展与挑战（2000 年至今）

2008 年：汶川地震发生后，中国民航迅速组织大规模的航空救援行动，展现了强大的应急处置能力。

2016 年：中国民航局出台了《中国民航深化改革方案》，旨在进一步推进民航行业的改革进程。

2020 年：面对疫情的挑战，中国民航采取多项措施，保障旅客出行安全和航班正常运行。

2021 年：中国民航局公布的未来五年立法蓝图，也就是《"十四五"民航立法专项规划（2021—2025 年）》，旨在推动民航行业法规建设与时俱进、推进行业治理体系和治理能力现代化。

2023 年：为了持续完善民航法规体系，中国民航局向社会公众征集关于民航行业立法的建议，这一举措体现了民航局在立法过程中对公众意见的重视，以及对法治建设的持续推动。

2024 年：中国民航局修订并印发了新的《事件样例》，旨在加强民航安全信息管理，明确不安全事件报告标准，及时发现和管控安全风险。

上述事件和举措反映了中国民用航空立法领域的持续进步和不断完善，旨在为民航安全、高质量发展提供坚实的法治保障。

回顾中国民用航空立法的历史和发展脉络，我们可以看到它与中国民航业的成长紧密相连。从早期的摸索与起步到 1949 年后的重建与完善再到改革开放后的快速发展，中国民用航空立法经历了漫长而曲折的历程。在这个过程中它不仅为中国民航业的发展提供了有力的法律保障和支持，还积极参与国际合作与交流，促进了全球民用航空运输事业的前进和成长。随着科技的不断进步和全球经济一体化的深入推进，中国民用航空立法将面临新的挑战和机遇。在确保航空安全、提高航班准点率、加强环境保护等方面，民航立法需要不断适应新的形势和需求，以推动中国民航事业的持续健康发展。

知识案例 3

案例描述：

随着信息技术的快速发展，中国民航局为了提升乘机体验、减少资源浪费、推动民航现代化建设，决定在全国范围内推行电子化，即"无纸化"登机程序。

近年来，中国民航局通过与多家航空公司、机场合作，逐步推广"无纸化"乘

机流程。乘客通过官方 App 或航空公司平台提前完成值机手续，获得电子登机牌，无须打印纸质登机牌即可完成乘机流程。此外，民航局还推动电子客票的使用，使得乘客无须取票，仅凭身份证或电子客票凭证即可完成乘机。

推广"无纸化"乘机不仅简化了乘机流程，提高了乘机效率，还减少了纸张的使用，有利于环保。同时，这一举措也推动了民航与现代信息技术的深度融合，为民航现代化建设打下了坚实基础。

意义：

"无纸化"乘机的推广是中国民航现代化建设的重要一步。它不仅提升了乘客的乘机体验，还促进了民航业的可持续发展。通过与现代信息技术的结合，中国民航业正在逐步向智能化、高效化迈进，为未来的民航发展注入新的活力。

请思考并回答：

通过上述案例信息，请谈谈你对"'无纸化'乘机，促进民航现代化建设"的想法。

任务二　掌握中国民用航空法及其法律、行政管理体系

一、中国民用航空法

旨在保障国家的空中主权和民用航空的权益，确保民用航空活动的安全性和规范性，维护航空活动各方的合法权利，并推动我国民航业的繁荣，1995 年 10 月 30 日，第八届全国人大常委会第十六次会议审议并通过了《中华人民共和国民用航空法》（通常称为《民航法》），该法自 1996 年 3 月 1 日起实施。《民航法》的制定标志着中国民航业进入了一个依法治理和发展的新时期，这是中华人民共和国成立以来首次为民用航空活动制定法律规范。

《民航法》总共有十六章，二百一十五条；为适应时代和行业发展，截至 2021 年 4 月 29 日已经过六次修正。其内容、作用及其意义和价值，概括整理为以下几个方面。

（一）内容

（1）航空权利和管理：规定了国家对领空的主权，以及对民用航空活动的管理权限和职责。

（2）航空器和飞行人员：对航空器的注册、适航性要求、飞行人员的资质和执照等进行了规定。

（3）航空运输：包括航空公司的设立、运营许可、航班运营、旅客和货物运输等方面的规定。

（4）安全和安保：强调了航空安全管理、飞行安全标准、机场安全措施以及航空安保等方面的要求。

（5）法律责任和纠纷解决：明确了违法行为的法律责任，并规定了纠纷解决的途径和程序。

（二）作用

（1）维护国家的主权和权益：通过规定民用航空器的国籍和权利，保障国家对民用飞机的监管和控制权，捍卫国家的领空主权及民用航空权益。

（2）确保民用航空业务的安全性和规范运作：通过监管和指导民用航空业务，保证民用航空活动的安全和有序进行，防止和处理各种可能影响民用航空安全的因素。

（3）维护合法权益：民用航空法规明确界定了参与民用航空活动的各方的权利与义务，确保他们的合法利益得到有效保护，防止受到不当侵害。

（4）推动行业发展：该法律通过提供政策支持和鼓励科学研究与教育，为民用航空业的持续进步和技术创新奠定了牢固的法律根基。

（三）意义与价值

（1）有助于规范和指导民用航空业务：中国的民用航空法规是专门针对民用航空业务制定的法律文本，对于规范和引导各类民用航空活动，防止和处理各种可能影响民用航空安全的因素具有重要意义。

（2）有助于维护民用航空活动各方的合法权利：中国民用航空法详细规定了参与者的权利与责任，对保护其合法权益不受侵犯具有重要价值。

（3）有利于推动民用航空业的繁荣：中国民用航空法通过促进民用航空业的发展，激励并促进民用航空科研和教育的进步，对实现民用航空业的持续和健康增长具有深远影响。

（4）有利于提升中国的国际形象：中国民用航空法的出台和实施，显示了中国作为一个负责任的大国，对于民用航空活动的重视和规范，这对提升中国的国际形象具有积极作用。

为了强化记忆和清晰认知，上述《中华人民共和国民用航空法》的内容、作用及其意义和价值，还可以进一步概括如下。

《中华人民共和国民用航空法》构成了中国民航行业的法律基石，其条款广泛覆盖了民用航空业务的诸多方面，如飞机的适航性监管、空中交通、民用机场运营、空中交通服务、飞行安全以及航空安全保卫等。

第一，中国民用航空法确立了民用航空业务的基本准则，界定了参与者的权益与责任，确保民航运营的安全性和规范性得到法律支持。该法强调了民用航空安全的重要性，要求所有民用航空活动必须遵守国家有关法律的规定，确保人民生命财产安全。

第二，中国民用航空法的职能是引导和监管民用航空业务，推动民航业的繁荣，通过明确航空器制造、运营、维修等方面的要求，该法促进了航空技术的进步和民航产业的发展。同时，该法还对民用航空运输市场进行了规范，保护了消费者的合法权益，促进了民航服务的提升。

第三，中国民用航空法的意义在于推动了中国民航领域的法治化进程。该法的制定和实施标志着中国民航事业开始步入法治化轨道，为中国民航事业的长远发展奠定了基础。同时，该法也为中国参与国际民航合作提供了法律支撑，推动了中国民航事业与国际接轨的步伐。

第四，中国民用航空法的价值在于保障人民的合法权益和维护国家安全。通过明确各方权利和义务，该法保障了人民的合法权益，为人民提供了安全、高效、便捷的航空服务。同时，该法也维护了国家的主权和安全，确保了国家在民用航空领域的合法权益。

总的来说，中国民用航空法对于保障航空安全、促进航空业发展、维护公众利益和国家利益具有重要意义。它为中国民航事业的健康有序发展提供了法律保障，同时也有助于提升中国在国际航空领域的地位和影响力。

二、中国民用航空法律体系

单丝不成线，滴水不成海。对中国民用航空活动的法律规范，仅有《中华人民共和国民用航空法》一项法律显然不足以应对所有挑战，甚至可能会出现疏漏。因此，我们需要构建一个多元化的法规体系，包括但不限于法律、行政法规、民航规章和规范性文件，这些法律法规相互补充，协同作用，共同为中国的民用航空活动和事业提供全方位的法律保障。这样的体系不仅能够确保航空活动的安全和秩序，还能够促进民用航空事业的健康、可持续发展。

中国民航的法律框架，即法律规范体系，主要由四大部分构成：民航法律、行政法规、部门规章以及规范性文件。

（一）民航法律

法律是指由具备立法权的立法机构遵循法定程序所制定、修订并发布，且依靠国家权力强制执行的规范体系。在民用航空领域有且只有一部法律位阶最高，就是 1995 年 10 月 30 日通过，自 1996 年 3 月 1 日开始生效，并经历了六次修订的《中华人民共和国民用航空法》。

（二）民航行政法规

行政法规是由国务院依据宪法和法律的规定，遵循既定程序所制定的一系列规范性文件，用以规范行政权力的行使和行政管理职责的履行。这些法规通常采取条例、办法、细则或规定等形式。在法律效力上，行政法规位于宪法和法律之后，但优先于部门规章和地方性法规。

在民用航空领域，民航行政法规可查条目 36 条，如《民用航空器适航管理条例》（1987 年）、《国内航空运输承运人赔偿责任限额规定》（2006 年）、《无人驾驶航空器飞行管理暂行条例》（2024 年）、《湖北省民用机场净空安全保护条例》（2011 年施行）、《贵州省民用运输机场管理条例》（2014 年）等。

（三）民航规章

民航规章是指中国民用航空局（通常称为"民航局"）根据《中华人民共和国民用航空法》和《国际民用航空公约》的规定，所制定并颁布的一系列具有法律约束力、规范民用航空业务各个领域的专业行政管理法规。

截至目前，规范民航活动法律规制数量最多的就是民航规章，其所涵盖的范围，按不同的事项，可分为十五类，中国民用航空局（民航局）依据相关法律和国际公约，制定了一套完整的规章制度，即 CCAR（中国民用航空规章）。这套规章体系涵盖了以下领域：行政管理程序（第 1 至 20 部分）；航空器相关规则（第 21 至 59 部分）；航空人员管理（第 60 至 70 部分）；空域管理、导航设施、空中交通规则以及通用运行规则（第 71 至 120 部分）；民用航空企业的认证与运输规定（第 121 至 139 部分）；培训机构、非航空人员及其他单位的认证与运行规则（第 140 至 149 部分）；民用机场的建设与管理（第 150 至 179 部分）；授权代表规则（第 180 至 189 部分）；航空保险规定（第 190 至 199 部分）；综合管理规则（第 201 至 250 部分）；航空基金管理（第 251 至 270 部分）；航空运输法规（第 271 至 325 部分）；航空安全保卫（第 326 至 355 部分）；科技与计量规范（第 356 至 390 部分）；航空器搜救和事故调查规则（第 391 至 400 部分）。

它既是中国民航管理下各航空公司和其他航空企业根据 CCAR 要求构建和完善自身管理体系的规范和参考，也是各企业根据自身业务特点，选择相应内容进行规范管理的准则和基础。

（四）民航规范性文件

民用航空规范性文件，由中国民用航空局的各个职能部门，如厅、室、司、局等，在自身职责范畴内，为执行法律、法规、规章和政策而制定。这些文件经过民航局局长的授权，由职能部门负责人、司长或局长签署后发布，涉及民用航空管理的相关规定。其涵盖的管理内容有程序指南（AP）、参考通知（AC）、指导文件（MD）、操作指南（WM）、通知公告（IB）等，例如《航空器的修理和改装》（2005 年）、《民用机场常见鸟类防范指南》（2010 年）、《民用无人驾驶航空器国籍登记管理程序》（2023 年）等千余份。

特别说明：民航法律、法规、规章都属于法律范畴，具备法律约束力；而民航规范性文件仅作为指导性文件，不具有法律强制力。

三、中国民用航空行政管理体系

在全球化的浪潮之下，民用航空业犹如一座宏伟的桥梁，横跨国界，将世界各地紧密相连。它不仅为各国的经济文化交流注入强大的动力，更极大地丰富了人们的出行体验，缩短了世界的距离。其中，中国民用航空行政管理体系扮演着至关重要的角色，它如同稳固的基石，肩负着保障航空安全、维护市场秩序、促进行业发展的神圣使命。了解和学习中国民用航空行政管理体系的构成、整体框架、职责等基础知识，为后续学习相关法律规制奠定坚实的基础。

（一）中国民用航空行政管理体系的构成

（1）**监管机构**：中国民用航空局（CAAC）是国家层面的民用航空管理机构，隶属于交通运输部。它的前身是中国民用航空总局，于2008年3月更名为中国民用航空局，负责监管中国民用航空业。

（2）**行政机关**：即民用航空局的内设机构，这些机关负责政策管理、监管和执法。这些部门包括综合管理部门、发展规划部门、国际合作部门、航空器适航审定部门、公安部门、全国民航工会、航空安全监管办公室、运输管理部门、飞行标准部门、机场管理部门、空中交通管理行业办公室、财务部门、人事教育部门、政策法律部门等。

（3）**地方监管机构**：即地区管理局，中国民用航空局共设有七个区域性管理局，分别为华北、东北、华东、中南、西南、西北以及新疆地区管理局。这些机构分别承担各自区域内的民用航空管理职责。

（4）**技术机构**：这些机构负责航空技术研究、开发和应用，包括飞行试验、机场规划和通航设施设计等。例如，中国民航科学技术研究院和中国民航局信息中心等技术机构就属于这一类。

（5）**服务机构**：这些机构提供航空服务和支持，包括航空供应、维修和保障等。例如，中国民航局机关服务局和民航专业工程质量监督总站等服务机构就属于这一类。

（6）**教育机构**：这些机构为民航领域人才培养提供教育和培训。比如，中国民航大学、中国民用航空飞行学院和中国民航管理干部学院等学校就归入此类教育机构。

（7）**直属部门**：包括中国民用航空局空中交通管理局、中国民航报社、中国民航出版社、民航医学中心（民航总医院）等单位。

（二）中国民用航空行政管理体系的层级

包括民用航空局、地区航空管理局以及省级航空安全监管办公室这三个层级。省级航空安全监管办公室的主要任务是，执行国家和民航局的航空安全相关法律、法规、规章和制度，组织协调区内行业安全管理工作；综合管理辖区内民用航空安全；负责

管理局《安全管理手册》的日常管理、持续改进和内部审核工作等。

（三）中国民用航空行政管理体系主要关注内容

（1）航空安全：这是最为核心的内容，包括制定和执行航空安全法规、标准和程序，确保航空活动的安全。

（2）航空运输管理：包括对航空运输市场的监管，对航空公司的管理和监督，以及对航班运行的管理等。

（3）机场管理：涵盖机场的策划设计、建设开发、经营及安全监管等。

（4）航空器适航性管理：涉及飞机设计、生产、运营和维护的监管工作，以保障飞机的适航状态。

（5）空中交通管理：包括对空中交通的组织、协调和指挥，确保空中交通的顺畅和安全。

知识案例 4

案例描述：

　　中美两国作为世界上最大的航空市场，其民航立法的发展对全球航空安全具有重要影响。两国在航空安全立法方面各有特色，但也存在共同的发展趋势。

　　美国作为航空业的先驱，早在 20 世纪初期就开始制定航空安全立法。通过多年的完善和发展，美国的《联邦航空法》已成为全球航空安全立法的典范。该法强调航空安全、环境保护和经济效益的平衡，对航空器设计、制造、运营等各个环节都有严格的规范。

　　中国民航业的立法进程自改革开放以来显著加快，逐步构建起一套完整的民航法律体系，以《中华人民共和国民用航空法》为骨干，辅以众多行政法规和规章，以适应民航业的发展需求。这些法律法规在保障航空安全、促进民航业发展方面发挥了重要作用。

　　近年来，中美两国在航空安全立法方面呈现一些相同的发展趋势。例如，两国都加强了对航空器制造商的监管，推动了航空技术的创新和安全性能的提升。此外，两国还加强了在国际航空安全领域的合作，共同应对全球航空安全挑战。

意义：

中美航空安全立法体现了两国民航立法在保障航空安全、促进民航业发展方面的共同追求。尽管两国在立法体系、法律文化等方面存在差异，但都致力于构建更加安全、高效、环保的航空运输体系。这种交流与合作为全球航空安全立法的发展提供了有益的借鉴和参考。

请思考并回答：

通过上述案例信息，请谈谈你对"中美航空安全立法比较"的认识。

单元题库

空中航行
法律规制

在广阔的天空中，航空器自由翱翔，连接着世界的各个角落。然而，这片看似无边无际的领域并非无法无天。空中航行法律规制如同导航明灯，为航空器的安全和有序运行指明方向。

空中航行活动得以顺利开展，必须以活动空间范围的确认和相关航行权利的获得为前提，故本单元即从空中航行的活动范围入手，就领空主权和航空自由或权利的概念和内容学习作为基础，了解它的原则，学习空中航行的具体法律规制，借此体现和强调空中航行法律规制的重要性和必要性，为日后理解和应用民航法律提供坚实的理论基础。

导入案例 2

案例描述：

> 随着航空运输的普及，航班延误成为旅客经常面临的问题。然而，对于航班延误的处理和赔偿，各国法律规定不尽相同。在中国，针对航班延误的处理和赔偿问题，有明确的法律规定和指导原则。
>
> 航班延误的判定和解决：某航空企业因恶劣天气导致航班推迟了三个小时，乘客要求该企业进行经济补偿。然而，该企业以天气原因为不可抗力因素为由，主张其没有赔偿责任。
>
> 赔偿标准的争议：旅客认为按照国际惯例，航班延误超过一定时间应当给予一定的现金赔偿。而航空公司则依据中国民航局的相关规定，只提供餐食和住宿等补偿措施，不给予现金赔偿。

请思考并回答：

> 1. 你认为应该由旅客还是航空公司承担此次纠纷的赔偿责任？为什么？
> 2. 请谈谈你对"航班延误与赔偿问题"的个人观点。

项目一　领空主权与航空自由或权利

任务一　了解领空主权和航空自由或权利

一、领空主权

（一）领空

领空是国家领土的一部分，是一个国家的领土在空气空间中的延伸，是一个国家主权所管辖的空域；它描述的是以地球中心为顶点，由与国家领土和水域的边界线垂直的直线所构成的圆锥形空间区域。

领空的范围，各国至今仍没有统一的标准和明确的国际法界定，但多数国家普遍接受的一种范围划分是：横向以国与国之间的领土边界为限，纵向以不靠空气作依托的人造地球卫星运行轨道的最低近地点为界，该区域的垂直范围大约从地面起100至110千米的高度。

领空的定义对于维护国家的安全与主权至关重要。它不仅涉及国家的防空安全，还与国际航空运输、航空通信、气象探测等领域密切相关。

（二）领空主权

领空主权，是国家主权的重要组成部分，指一个国家对其领空所拥有的最高权力。具体表现在以下四个方面。

（1）所有权：国家拥有对其领空的控制（占有）、利用（使用）、管理（支配）及从中获益（收益）的权力；未经许可，任何国家不得擅自占据或利用他国的领空；国家对其领空拥有完整且排他性的主权。国家可以通过签订航空协定或通过批准的方式，给他国一定或部分的航行权利。

（2）管辖权：领空属于国家领土的一部分，国家有权根据属地原则对在其航空器上发生的犯罪、侵权或其他违法行为行使司法管辖权，并适用本国法律对进入领空的航空器进行管理和监督。司法管辖权是国家主权的重要体现。

（3）自保权：未经相关协议或许可，外国航空器不得飞越或降落在一国领空；若违反规定，该国可采取必要措施，如发出警告、进行拦截、强制着陆或驱逐出境，以保护其领空主权和安全。

（4）管理权：各国均有权自主制定并实施必要的航空法律法规，以保障飞行秩序的正常运行、飞行安全以及公众的合法权益，且这一过程不受其他国家的干预。他国航空器以及所载的人和物在一国领土上空飞行或在该国领土内运转、出入境，都必须遵循当地的现行航空器飞行和运营相关法律法规和规章制度。

（三）领空主权原则

领空主权的概念最早见于 1919 年的《巴黎公约》，它确立了国家对其领空拥有主权的核心原则，即国家对其领土和水域上方的空气空间拥有完全且排他性的控制权。并强调了国家对领空的绝对主权、控制权，以及完全的排他性。

（1）国家主权：每个国家对其领土上方的空气空间拥有完全的、排他的主权。这意味着国家有权对进入其领空的航空器进行管理和控制。

（2）排他性：除了经过合法授权或符合国际法规定的情况外，其他国家的航空器未经允许不得进入该国领空。

（3）平等原则：各国在领空主权方面享有平等的地位，一国不能侵犯或干预其他国家的领空主权。

（4）国际法约束：各国在行使领空主权时必须遵守国际法的规定，不得滥用权力。

二、航空自由或权利

（一）概念

航空自由或权利，也称为空中自由权或航权，指某国的飞机在他国领空飞行或是领土起降的权利；源自《国际航空服务过境协定》，指的是世界航空业通过国际民用航空组织（ICAO）制定的一种国家性质的航空运输权利。

（二）内容

航空自由，或称航空权利，对于一个国家而言至关重要，在国际航空运输领域中，这些权利的交换一般基于互惠原则，通常涵盖了九项具体的权利。

第一种：领空飞越权。允许本国航空公司的飞机在不降落的情况下，穿越 A 国（协约国）的领空，直接飞往 B 国（目的国）。

第二种：技术经停权。本国航空公司的飞机在飞往 B 国（目的地）的途中，因技术原因（例如加油、维修）可以在 A 国（协约国）降落或短暂停留，但不得进行任何商业活动。

第三种：目的地下客、货权。本国航空公司的飞机有权在 A 国（协约国）境内卸载乘客、行李、邮件或货物。

第四种：目的地上客、货权。本国航空公司的飞机有权在 A 国（协约国）境内搭载乘客、行李、邮件或货物返回本国。

第五种：中间点权或延远权，又叫经停第三国境内某点上下旅客或货物权。本国航空公司的飞机有权飞往 A 国（已获批准的国家），并从 A 国携带乘客和货物前往 B 国（第三国），或者将从 B 国（第三国）携带的乘客和货物卸载至 A 国。

第六种：桥梁权。本国航空公司的飞机有权在 A 国和 B 国之间运输乘客和货物，同时经过本国，这构成了第三自由和第四自由的合并运用。

第七种：完全第三国运输权。本国航空公司飞机有在 A、B 两国间接载乘客和运载货物，而不用以本国作为始发站或终止站的权利。

第八种：连续的国内载运权。本国航空公司的飞机有权在其他国家（单一国家）境内两个点之间运输乘客和货物，而该航线以本国为最终目的地。

第九种：非连续的国内载运权。准许外籍航空公司在至少两个国内的地点之间运送乘客和货物，进行国内的航班服务。

前五种为基本权利，后四种是在前五种的基础上演变而来的。

知识案例 5

案例描述：

　　在国际民航领域，航空自由与领空主权是两个重要且相互关联的概念。航空自由指的是各国在平等基础上享有的飞越领空、在国际空域进行航行和运输的自由。而

领空主权则是指国家对其领空拥有完全的和排他的主权。这两个概念在实践中有时会发生冲突，尤其是在涉及国际航班、领空穿越以及航空安全等问题时。

国际航班路径争议：某国航空公司计划开通一条新的国际航线，该航线需飞越另一国领空。然而，被飞越国家认为该航线侵犯了其领空主权，拒绝授予飞越许可，双方就此产生争议。

领空安全监管问题：某国航空公司在执飞国际航班时，被指控未遵守被飞越国家的航空安全规定，如未提交必要的飞行计划、未按照指定路线飞行等。被飞越国家据此要求该航空公司接受调查并承担相应责任。

请思考并回答：

1. 关于路径争议，你认为应如何处理？

2. 你认为"被飞越国家据此要求该航空公司接受调查并承担相应责任"的诉求是否应该或合法？为什么？

任务二　了解领空主权和航空自由或权利

一、领空主权的保护与限制

领空主权的保护是指国家对其领空拥有完全的和排他的主权，包括对其领空资源的占有、使用和管理，以及对未经许可的外国航空器的禁止飞行。这是构成国家主权的关键部分，同样是保护国家安全和秩序的必需措施。领空主权的保护要求各国严格遵守国际法和相关国际公约的规定，尊重他国的领空主权，不得侵犯他国的领空安全和利益。

然而，领空主权的保护也受到一定的限制。一方面，随着国际航空运输业的发展和全球化的加深，各国间的航空合作与交流变得越来越密切，领空主权的保护不能过分阻碍国际航空运输的正常发展。另一方面，领空主权的保护也需要平衡国家安全和公共利益的需求，不能过度扩大领空主权的范围和权限，影响其他国家的正常航空活动和利益。

因此，领空主权的保护与限制是一个动态平衡的过程。各国都需要在维护自身领空主权的同时，尊重他国的航空权益，如此才能推动国际航空运输的合作与发展，实现共同繁荣和进步。

二、领空主权的强调与畅享航空自由或权利之间的关系

领空主权的强调与畅享航空自由或权利之间存在一定的关系，但也存在一定的矛盾和冲突。

一方面，领空主权的强调是保护国家安全和利益的重要手段。只有强调领空主权，才能确保国家对领空的有效控制和管理，防止外国航空器未经许可进入领空，维护国家的安全和秩序。同时，领空主权的强调也有助于促进国际航空运输的规范和发展，保障各国之间的航空合作和交流。

另一方面，畅享航空自由或权利是国际航空运输发展的重要保障。各国在享有航空自由或权利的同时，也能够更好地利用航空资源，促进经济发展和文化交流。然而，畅享航空自由或权利也可能与领空主权的保护产生矛盾和冲突。例如，一些国家可能会利用航空自由或权利侵犯他国的领空主权，进行非法飞行或间谍活动等。

因此，领空主权的强调与畅享航空自由或权利之间的关系需要在国际法和相关国际公约的框架下进行平衡和协调。同时，各国也需要加强对领空安全的监管和管理，防止非法飞行和侵犯领空主权的行为发生。

知识案例6

案例描述：

领空主权是每个国家对其领空拥有的重要权利，包括对其领空的完全控制和管理。然而，随着国际民航的日益发展，领空主权保护与商业航班运营之间的平衡变得日益重要。本案例将探讨两个核心问题：一是如何平衡领空主权保护与商业航班自由；

二是当商业航班侵犯领空主权时，应如何依法处理。

领空主权保护与商业航班路径选择：某国计划在其领空内设立新的航空管制区，以加强领空主权保护。但此举可能导致多条国际商业航班路线被迫改变，增加航班的运营成本和飞行时间。受影响的航空公司提出异议，认为此举违反了国际航空自由原则。

商业航班侵犯领空主权事件：某国际航班在未经许可的情况下误入了他国的领空，并在他国领空内进行了非法飞行活动。该国随即对该航班进行了拦截并予以处罚。但航空公司辩称，此次事件是导航设备故障导致的意外，并非故意侵犯领空主权。

请思考并回答：

1. 某国计划在其领空内设立新的航空管制区，受影响的航空公司提出了异议，认为此举违反了国际航空自由原则，为什么？

2. 请谈谈你对"如何平衡领空主权保护与商业航班自由"的看法。

3. 航空公司辩称，此次事件是导航设备故障导致的意外。这样的理由是否成立？为什么？

4. 当商业航班侵犯领空主权时，应如何依法处理？

项目二 空中航行的法律规制

任务一 了解空域管理

一、概念

（一）空域

空域，也被称作飞行空间，指的是地球表面之上适合航空器航行的大气层区域。和国家的领土、领海相似，空域同样是国家经济社会发展的关键战略资产，可以进行开发和利用，然而由于其没有可视边界，想要对其进行有效使用，首先就要对其进行科学合理的划分。

（二）空域划分

空域划分是指将天空划分成不同的区块，以便对飞机的航行进行有效的管理和指导。在国际上，空域划分通常由国际民用航空组织（ICAO）制定的标准和规范来指导。

（三）空域管理

空域管理是确保空域安全、高效运行的关键环节，它涉及对空域资源的规划、组织和控制，以满足各类航空器的飞行需求。空域管理为了确保在广袤的空间中对航空运输的飞机提供即时有效的监管服务、飞行信息支持和警报服务，防止飞机在空中或与地面障碍物发生碰撞，保障飞行的安全，并确保空中交通有序进行，空域管理是必不可少的。

二、目的

空域管理的目标是通过高效的监管措施或策略，优化和平衡空域使用者的利益，

增加空中交通的容量，显著降低航班延误，保障飞行的安全性。

三、内容

根据空域管理的目标，其工作内容主要分为两个方面：空中区域的划分和规划。

（一）空域划分

空域划分是指将各国领陆和领海以上的空间划分为不同的区域，并对这些区域进行管理和控制。这种划分旨在保障空中交通的安全性、高效性和条理性。

一般来说，空域可以根据不同的目的和需求进行划分，如根据飞行高度、地理位置、机场周边、特殊用途等。每个空域都有相应的规则和限制，包括允许的飞行类型、飞行器的要求、通信和导航设备的使用等。再如，在一些繁忙的机场附近，会设立专门的空域，以确保进出机场的航班能够安全、有序地飞行。此外，还有一些特殊空域，如军事空域、禁飞区等，对飞行器的进入和飞行有严格的限制。

（二）空域规划

空域规划，就是为了合理利用空域资源，保障空中交通安全和高效运行而进行的一系列计划和安排。

四、特殊空域

不同于常规的空域划分，特定区域在航空领域内被划分为具有限制性、禁止性或专属性的区域，这些区域被称为特殊空域。此类空域通常涵盖警戒区、管制射击区、危险区以及军事运行区等。设立这些区域的目的是保障国家安全、维护公共秩序以及保护人民的生命财产安全。

警戒区可能有大量飞行员训练活动或特殊空中活动，不会对飞机造成威胁。管制射击区的作用是消除空域活动对非参与飞机的影响，确保地面人员和财产的安全。危险区是指在特定时间内，其内部活动会影响航空器运行安全的具有指定范围的区域。而军事运行区是专门用于军事活动的特定区域。

此外，特殊空域还包含一些具有特殊用途的区域，例如空中放油区、试飞区、训练区、限制区、空中危险区和临时飞行空域等。这些区域的设立和使用都受到严格的法律和规范约束，以确保航空器的安全及正常运行。

知识案例 7

案例描述：

　　特殊空域，如限制空域、危险空域或军事空域等，在民航飞行中扮演着重要角色。这些空域由于涉及安全、军事机密或其他重要因素，因此需要特殊的许可和程序才能进入。然而，在实际飞行中，航空器可能会因误闯特殊空域或未遵守相关规定而与相关机构发生冲突。

　　误闯限制空域：一架商业航班在夜间飞行时，由于导航设备故障，误闯了一个未标记的限制空域。该空域为军事训练区，内有军事演习正在进行。航空器与军事飞行器发生了短暂的空中接近，引发了安全担忧。

　　未遵守特殊空域规定：一架私人飞机在未经许可的情况下进入一个危险空域，该空域因气象条件复杂而被划定为高风险区。飞机在进入空域后遭遇恶劣天气，请求紧急救援。

请思考并回答：

　　1.请问导致商业航班误闯限制空域的原因是什么？谁应该为此次误闯承担责任？

　　2.私人飞机违反了什么规定进入危险空域？如何避免此类情形发生？应该由谁承担责任？

任务二　掌握空中交通管制的法律要求

一、空中交通管制服务法律要求

（一）概念

　　空中交通管制服务，是指空中交通管制部门使用无线电通信、雷达监测、空管自动化系统等技术手段，对飞行器的运行进行监管和指挥，以避免飞行器之间的冲突，

确保并促进空中交通的顺畅进行。它是空中交通管理（ATM）的关键环节，同样是保障飞行安全的基础。

（二）任务

空中交通管制服务的核心职责是避免飞行器发生冲突，确保空中交通的顺畅与高效，具体包括以下几点。

（1）避免飞行器相互之间以及在机动区域飞行器与障碍物之间的碰撞。这是空中交通管制服务的首要任务，通过精确的雷达监控、航线规划和高度、速度控制等手段，确保航空器在空中安全有序地飞行。

（2）促进并保持空中交通的有序活动。通过合理的航线规划、飞行间隔控制等手段，提高空中交通的流量和效率，确保航空器能够快速、准确地到达目的地。

（3）提供飞行信息服务。向航空器在飞行过程中提供有助于确保飞行安全和效率的建议与情报，涵盖气象、航线、机场等相关信息。

（4）提供警告服务。在遇到飞行器搜寻救援等紧急状况时，向相关机构发出警报，并在必要时协助这些机构或协调救援行动的开展。

（三）法律责任

关于空中交通管制服务法律责任问题：一方面涉及多个方面的法律责任；另一方面目前尚未形成统一的国际法律规范，而是依赖于各国国内法的处理。所以该领域的责任处理的主要规定是：首先，绝大多数国家实行过失责任原则。其次，国家需对其空中交通管制当局、官员以及管制员的行为所造成的损害承担民事赔偿责任，这种赔偿通常不设限额。此外，根据各国的程序法规定，可以通过普通民事法庭或行政法庭对国家提起诉讼。在某些国家，空中交通管制员在服务外的个人过失也可能引发民事或刑事责任。同时，不可抗力、第三者责任或共同过失可以作为抗辩理由，从而减免空中交通管制服务的责任。最后，提起诉讼的一方必须承担证明责任。

二、飞行规则法律要求

（一）概念

飞行规章，是基于地面交通规则的模式而制定的航空交通准则，用以规范驾驶员的驾驶行为；是组织实施航空器飞行，维护空中交通秩序，保障飞行安全的依据。

（二）法律要求

（1）在中华人民共和国领空范围内进行飞行的航空器，必须明确地展示其识别标志。所有未标记的航空器都禁止飞行。对于因特殊情况需要飞行的未标记航空器，必须提前获得中国人民解放军空军的同意。

（2）民用航空器在未获授权的情况下，禁止私自离开中华人民共和国的领空。一旦监测到有航空器未经许可起飞或升空，相关部门应立即调查情况，并采取必需的措施，包括强制降落。外籍航空器在进入或离开中华人民共和国领空时，必须沿规定的航线飞行。在预计进入或离开领空的 20 至 15 分钟前，其机组人员必须向中华人民共和国的空中交通管制单位通报，并获得相应的许可。未获许可的航空器不得擅自进出。

（3）除非获得特殊许可，民用航空器不得飞越城市上空或居民密集区域，同时禁止向下方投掷任何物品。

（4）为避免航空器发生碰撞，规定在相遇飞行时，应各自向右侧转向以相互避让；在顺向飞行时，如果后面的航空器计划超过前面的航空器，则必须改变高度或从其右侧进行超越；当航向不同的航空器在空中交会时，左侧的航空器应为右侧的航空器让路。

（5）在中国境内飞行的任何航空器，都必须遵循统一的飞行准则。进行目视航行的民用航空器航空应遵循目视航行准则，并与其他航空器航空及地面障碍物维持安全间隔；进行仪表航行的航空器则应遵循仪表航行准则。

（6）民用航空器的机组人员的飞行和值班时间都不得超过中国民用航空局规定的限制。如果机组人员因酒精、麻醉药品或其他药物影响而工作能力下降，他们不得执行飞行职责。各航空公司负责人必须确保其公司严格遵循飞行规章，而航空器的机长则负责监督机组人员遵循飞行规章。

（三）法律责任

法律责任方面，违反飞行规则的行为可能会面临行政处罚、刑事责任或其他法律责任。例如，如果航空器驾驶员违反飞行间隔规定，导致航空器相撞等安全事故，可能会面临严重的刑事责任。此外，对于空中交通管制部门和相关人员，如果因工作失误或疏忽导致其做出违反飞行规则的行为，也可能会面临相应的法律责任。

因此，所有参与航空操作的人员都必须严守飞行规章，保障飞行的安全和条理性。同时，各国政府和国际组织也应不断完善飞行规则体系，以适应航空技术的快速发展和航空运输需求的不断增长。

三、国际空中航行法律要求

（一）概念

国际空中航行，是指不同国家之间的航空器在全球范围内的飞行。

（二）法律要求

1. 国际空中航行需要遵循的基本原则

（1）领空主权原则，外国航空器在进入某国领空之前，必须获得该国的准许，并遵循该国的法律法规和指导原则。

（2）在不属于任何国家领空的区域飞行时，应按照国际民用航空组织制定的统一空中飞行规则进行。

2. 国际空中航行需要遵守的具体规则

（1）展示识别标志。

（2）遵守入境国家的法律和规章。

（3）在指定的机场降落并接受入境国的检查。

（4）随飞机携带必需的文件。

（5）遵循入境国关于货物运输的限制规定。

（6）合法使用民用航空器，不得将其用于违背《国际民用航空公约》宗旨的任何用途。

3. 航空器在公海和专属经济区上空飞行的自由

航空器在公海和专属经济区上空飞行的自由指的是在不违背国际法规和相关国家法律的基础上，航空器拥有在这些区域自由航行的权限。具体包括：

（1）飞越自由，航空器可以在不进入其他国家领空的情况下，自由飞越公海和专属经济区。

（2）航行自由，航空器可以在公海和专属经济区上空按照预定航线自由航行，不受其他国家的限制或干扰。

（3）作业自由，航空器可以在公海和专属经济区上空进行各种合法的作业，如科学研究、气象观测、渔业监测等。

（4）通信自由，航空器可以在公海和专属经济区上空进行自由通信，包括与地面站、其他航空器或卫星的通信。

需要注意的是，虽然航空器在公海和专属经济区上空享有一定的自由，但也需要遵守国际法和相关国家的法律法规。例如，航空器不得进行危害其他国家安全和利益的活动，不得侵犯其他国家的领空等。此外，不同国家对于航空器在其专属经济区上空的飞行可能有一些具体的管理规定，航空器在飞行前需要了解和遵守这些规定。

4.航空器的"过境通行权"和"群岛海道通过权"

（1）过境通行权是指在用于国际航行的海峡中，所有船只和飞机在公海或专属经济区的一部分与另一部分之间享有不受阻碍的过境通行权。

（2）群岛海道通过权是指群岛国家可以设定适当的海上通道及其上空的航道，以便其他国家的船只或飞机能够无阻碍地快速穿越其群岛水域和相邻的领海。所有国家均有权享受这种通过群岛通道的权利。群岛国家与其他国家在群岛通道的航行权利与义务，应参照国际海峡过境通行制度的相关规定执行。

注意，在行使这些通行权利时，必须遵守相关法律和规定，不得以任何武力威胁或使用武力侵犯沿海国的主权、领土完整或政治独立。

（三）法律责任

因为这部分涉及国际航行，其法律责任的承担相对比较复杂，除了有可能会承担传统的民事、行政、刑事责任、保险责任以外，还有可能承担国际责任，它指的主要是违反国际空中航行规则，还可能引发国际争端和法律诉讼，涉及国家之间的责任和赔偿问题。

为了维护飞行过程中的安全性与纪律，国际民用航空组织（ICAO）确立了一套规范和指引，各国亦会参照这些规范和指引来制定适合本国的法律和规章。违反这些规则不仅会危及飞行安全，还可能导致严重的法律后果。所以，无论是航空公司还是飞行员，都有责任严格遵守国际空中航行规则，确保飞行安全和顺利。

知识案例8

案例描述：

空中交通管理是保障航空安全、有序和高效的关键组成部分。然而，在实际操作中，由于各种原因，空中交通管制可能会出现失误，导致航班延误、冲突甚至安全事故。本案例将围绕空中交通管制失误引发的两个问题进行探讨。

空中交通管制失误导致航班延误：在某繁忙的国际机场，由于空中交通管制员的疏忽，未能及时为即将到港的航班分配停机位，导致该航班在到达机场后无法及时降落，只能在空中盘旋等待。这一错误导致了航班严重延误，给乘客造成了不便和损害。

空中交通管制失误引发航班冲突：由于空中交通管制系统出现故障，导致两架航班在同一高度和航线上相遇。虽然最终避免了碰撞事故，但这一事件引发了公众对空中交通管制安全性的担忧。

请思考并回答：

1. 此次事故应当由谁来承担责任？依据是什么？

2. 是什么导致此次事故的发生？受影响的航空公司该如何维权？

国内外涉及"空中航行法律规制"的主要法律依据

1. 国内

（1）《中华人民共和国民用航空法》：这是我国民用航空领域的基本法律，它明确了领空主权、民用航空器的权利、民用航空活动的管理和法律责任等内容，为空中航行提供了基本的法律框架。

（2）《中华人民共和国飞行基本规则》：该规章详尽阐述了国内航行的基本原则、空中交通控制和飞行支持等内容，对于确保飞行安全和秩序至关重要。

（3）《通用航空飞行管制条例》：针对通用航空的飞行管制，该条例规定了通用航空器的飞行申请、审批、飞行保障等方面的要求，确保通用航空活动的安全和有序。

2. 国际

（1）《国际民用航空公约》（也称《芝加哥公约》）：这是国际民用航空组织（ICAO）制定的基础性公约，它确立了国际民航的基本框架和原则，包括领空主权、航空器的国籍和登记、国际航班的运营等内容。

（2）《统一国际航空运输某些规则的公约》（又称为《华沙公约》）及其后续修订协议：这些公约和协议主要关注国际航空运输中的承运人责任问题，为国际航空运输领域内的损害赔偿问题提供了法律支持。

（3）《制止危害民用航空安全的非法行为的公约》（也称《蒙特利尔公约》）：该公约是 1971 年在蒙特利尔签署的，旨在通过国际合作，惩治危害民用航空安全的非法行为，包括对飞行中的航空器内的人从事暴力行为、破坏使用中的航空器或对其造成损坏等。

此外，还有其他的国际条约、协议和建议措施，如 ICAO 制定的各种标准和建议措施（SARPs），这些文件也为空中航行提供了法律规制和指导。这些标准和建议措施的具体内容涵盖了多个关键领域。

首先，SARPs 对飞行程序进行了严格的规定，包括起飞、巡航、降落等各阶段的操作程序和安全要求。这些规定确保了航空器在各种飞行条件下的稳定运行，并降低了飞行事故的风险。

其次，SARPs 涉及气象考虑，为飞行提供了必要的气象信息和预警机制。这有助于飞行员及时了解和应对飞行途中的天气变化，确保飞行安全。

此外，SARPs 还对航空器的性能和导航设备提出了明确要求。这包括航空器的适航性、导航系统的准确性和可靠性等方面的规定，以保障航空器在空中的安全和稳定。

在人员方面，SARPs 对航空人员的训练和认证也做出了具体规定。这包括飞行员的飞行技能、知识水平和健康状况等方面的要求，以确保他们具备胜任飞行任务的能力和素质。

此外，SARPs 还关注空中交通管理和空中规则，为航空器的运行提供了清晰的指导和规范。这有助于维护空中交通秩序，避免飞行冲突和事故的发生。

值得一提的是，随着航空技术的不断发展，ICAO 也在不断更新和完善 SARPs。例如，针对近年来兴起的无人机技术，ICAO 已经通过了新的标准和建议措施，以推动遥控驾驶航空器系统（RPAS）在国际运行安全和操作性方面取得重要进展。

ICAO 制定的 SARPs 为空中航行提供了全面的法律规制和指导，确保了航空活动的安全、有序和高效。这些标准和建议措施的实施对于促进国际民航业的健康发展具有重要意义。

单元题库

>>> >>> 单元三

民用航空器国籍与权利法律规制

民用航空器不仅已成为跨越国界的重要交通工具，还促进了国际贸易和文化交流，同时对于紧急救援和人道主义援助等也发挥着不可或缺的作用。然而，随着民用航空活动的日益频繁，相关的法律问题也变得复杂而多元。

本单元将通过对民用航空器国籍和权利的探讨，了解各自的登记制度和程序，同时掌握违反相关规定需要承担的法律责任，旨在帮助学生理解如何通过法律手段来确保飞行安全、维护航空秩序以及保护各方权益。

通过本单元的学习，学生将能够掌握民用航空器国籍与权利的基本法律知识，理解各国在制定和执行相关法律时的考量，并能够运用所学知识分析实际案例。这将有助于培养学生的跨学科思维能力和国际视野，为他们未来在航空法律领域的学习和工作打下坚实的基础。

案例描述：

在民用航空领域，航空器的国籍及其所享有的权利受到国际法和国内法的双重规制。航空器国籍的确定对于航空器的登记、运营、保险以及跨境飞行等方面都具有重要意义。本案例将围绕涉及民用航空器国籍争议和跨境飞行权利纠纷的实际案例，进行分析和探讨。

航空器国籍争议：一家国际航空公司在购买了一架新型客机后，由于登记程序上的疏忽，未能及时在本国航空器登记簿上完成登记手续。随后，该航空器被发现在国际航线上飞行时未携带有效的国籍登记证明文件。某国航空管理机构以该航空器未取得合法国籍为由，拒绝其进入本国领空。航空公司主张其已符合国际民航组织关于航空器国籍的相关规定，并请求解除限制。

跨境飞行权利纠纷：一家国内航空公司的航班计划飞越某邻国的领空，以节省飞行时间和燃油消耗。然而，邻国政府以该航班未获得飞越许可为由，拒绝其飞越领空。航空公司认为根据国际航空法，其享有飞越自由的权利，并指出邻国政府未提供合理的拒绝理由。双方因跨国航空权利的问题产生了争议。

请思考并回答：

1. 在航空器国籍争议中，你认为航空公司未能及时完成登记手续的责任应由谁承担？为什么？

2. 对于跨境飞行权利纠纷，你认为航空公司和邻国政府之间应如何协商解决飞越领空的问题？

项目一　民用航空器

任务一　概念

航空器泛指一切能够在空气中升起的器械，是在空中航行的工具。

各国法律对航空器的定义略有差异，但纵观各国法律，其关于航空器的定义，本质上都是指一种能够在空气中飞行的机器。

国际上普遍接受的航空器概念，最初见于《巴黎公约》的附件 A，航空器是指任何依靠空气支撑力在大气中悬浮的机械。换句话说，航空器是任何依靠空气反作用力在大气中悬浮的装置。

这一定义后来被《芝加哥公约》纳入其附件之中。它涵盖了不仅包括比空气重的飞机、飞艇、滑翔机、直升机，还包括比空气轻的氢气球，主要看该设备是否具备升力。耐人寻味的是，《芝加哥公约》的附件还特别对"飞机"进行了界定：一种比空气重的航空器，它的动力来自引擎，其升力主要是由固定翼面上的空气动力反作用力产生。但这个定义通常不包括火箭。火箭在大气层内不依赖空气反作用力来悬浮，而是一种利用发射物质的气态产生推力的设备，其推力源自设备自身携带的燃料。

随后，国际民用航空组织更新了定义，排除了依靠空气对地面的反作用力的情况，重新定义航空器为"那些能够通过空气的反作用力，而非空气对地球表面的反作用力，在大气中获得升力的任何机械"。按照这个定义，依赖空气对地面（或水）的反作用力来获得升力的设备，例如气垫船和气垫车等，都不属于航空器；同样，那些不依赖空气反作用力飞行的设备，如火箭和导弹，也不被归类为航空器。从技术角度来看，航空器可以分为轻于空气的和重于空气的两大类。前者包括气球和飞艇等，后者则包括飞机、直升机和滑翔机等。

航空器的概念究竟为何？一可倾向于权威机构的界定，二可根据自己的学研所需，自行选择。

知识案例 9

案例描述：

在民航运营中，航空器故障是常见的导致航班延误或取消的原因之一。当航空器出现故障时，航空公司和相关部门需要迅速采取措施，确保乘客的安全，并尽量减少对乘客的影响。本案例将围绕航空器故障导致的航班延误事件，探讨其中的问题、分析其法律依据。

航空器机械故障导致航班延误：某航空公司的一架航班在起飞前发现机械故障，导致航班延误数小时。乘客们对延误的原因、后续安排以及赔偿问题表示关切。

乘客权益保障问题：部分乘客因航班延误而错过了重要的商务会议或旅行计划，要求航空公司提供合理的赔偿和安排。同时，也有乘客对航空公司的服务态度和处理方式表示不满。

请思考并回答：

1. 此次事故应当由谁担责？航空公司应当如何避免出现此类事故？

2. 如是该航空公司承担此次事故责任，其法律依据是什么？且航空公司应如何解决乘客的不满？

任务二　分类

根据不同的分类方法和评判标准，航空器可以被划分为多种不同的类别。

一、按用途分类

（1）民用航空器：用于民用运输或其他用途的航空器，如客机、货机、公务机、农业机、医疗救援机等。

（2）军用航空器：专为军事目的而使用的航空器，包括歼击机、轰炸机、侦察机、预警机等。

二、按大小分类

（1）大型客机：它们具有非常大的机身和四个或更多的发动机，如波音747、空客A380等，前者可以运输360~460人，后者可运输555~853人。

（2）中型客机：它们的载客量相对较小，一般可运输100多名乘客，如波音737-700、空客A320等，前者波音737全系列的载客量为104~189人，后者可运输150~180人。

（3）小型客机：机身相对较小，一般只能运输少于100名乘客载客量的飞机，如regional jets（区域喷气机）一般可搭载20~100名乘客。

三、按发动机类型分类

（1）涡扇发动机飞机：使用涡扇发动机的航空器。

（2）涡轮螺旋桨飞机：配备涡轮螺旋桨发动机的航空器。

（3）活塞式飞机：搭载活塞式发动机的航空器。

四、按构造分类

（1）固定翼航空器：指的是机翼固定不动的飞行设备，涵盖了单翼、双翼以及多翼等不同设计。

（2）直升机：一种通过发动机驱动的旋转叶片产生升力，能够垂直起降和悬停的航空器。

（3）飞艇：通过充气囊产生浮力使飞机升空的航空器。

（4）旋翼机：通过旋转叶片产生升力使飞机垂直起降的航空器，如自转旋翼机。

五、按飞行方式分类

（1）载人航空器：依赖飞行员操作和监管的航空器。

（2）遥控或自主航空器：不依赖飞行员，而是通过远程操控或内置系统自主执行飞行任务的航空器，通常被称作无人机。在上述民用航空器概念分类的列举中，国家航空器和民用航空器的界定比较关注，原因是早在《巴黎公约》中就使用排除法对它进行了界定。《芝加哥公约》又再次对其进行了界定。

相较于国家航空器，民用航空器通常有以下明显的特征：首先，它们一般会在一个国家的民用航空机构进行注册；其次，民用航空器主要负责运输乘客、行李、货物和邮件等公共航空运输服务；此外，它们也在国家经济的多个领域执行非商业航空任务，如工业、农业、林业、渔业和建筑等作业飞行；同时，民用航空器也参与医疗和健康服务的实施；它们还进行气象观测、科学研究等活动；在教育、训练、文化和体育等领域也发挥着重要作用；最后，它们也参与救灾抢险等紧急任务。这些活动共同构成了民用航空器广泛而多样的应用领域。

更为重要和清晰的是《中华人民共和国民用航空法》对它的界定。依据《中华人民共和国民用航空法》第五条，民用航空器专门指那些不执行军事、海关或警察飞行任务的航空器。尽管我国航空公司运营的执行国内外航空运输任务的航空器在所有权上属于国家，但由于其执行的是民用任务，因此它们不被视为国家航空器。此外，《中华人民共和国民用航空法》第十五条还规定，国家所有的民用航空器，当国家授权法人经营管理或使用时，该法人应遵循本法关于民用航空器所有人的相关规定。

知识案例 10

案例描述：

在民航领域，航空器的分类对其运营许可、安全标准以及适用范围具有重要影响。不同类型的航空器，如运输类航空器、通用航空器、特殊用途航空器等，受到不同的法律法规和监管要求的约束。本案例将围绕因航空器分类争议导致的运营许可问题进行分析和探讨。

航空器分类不明确：一家新兴航空公司购买了一种新型航空器，该航空器在设计上兼具运输和通用航空的功能。然而，在申请运营许可时，相关部门对其分类存在争议，导致无法确定其适用的法律法规和安全标准。

运营许可受阻：由于航空器分类不明确，该航空公司无法获得相应的运营许可，进而导致航班计划受阻和乘客权益受损。航空公司主张其航空器应属于运输类航空器，而监管部门则认为其更符合通用航空器的定义。

请思考并回答：

1. 导致争议产生的原因是什么？

2. 如何解决航空公司和监管部门之间的认知差异？

任务三　法律地位

法律地位是指法律所规定的法律关系主体所享有的权利和承担的义务的实际情形，通常用来反映权利和义务的匹配程度。法律地位往往是由社会规范、习俗预先设定，最终由法律予以确认并生效。法律地位可分为自动获得的地位和主动获得的地位。自动获得的地位是指法律主体在法律规范的有效期内自动拥有的权利义务关系，例如公民的劳动权利；主动获得的地位则是指法律主体因实际参与法律关系而被法律认可，从而获得的权利义务状态，如成立公司法人。

国家航空器与民用航空器在法律地位上有所区别。

一、有什么不同

（1）功能和用途的不同：民用航空器和国家航空器在功能和用途上有明显的区别。民用航空器主要用于商业运输、通用航空、私人飞行等民事活动，而国家航空器则主要用于军事、海关、警察等政府活动。因此，它们在法律上需要受到不同的规范和约束。

（2）权利与义务的差异：由于功能和用途的不同，民用航空器和国家航空器在法律上的权利和义务也有所不同。例如，民用航空器需要遵守商业法规、航空安全标准等，

而国家航空器则需要遵守军事法规、国家安全标准等。

（3）国际法和国内法的适用不同：民用航空器和国家航空器在国际法和国内法上的适用也有所不同。例如，国际民用航空组织（ICAO）制定的《国际民用航空公约》主要适用于民用航空器，而关于国家航空器的规定则更多地体现在各国的国内法中。

（4）保护国家利益的差异：分别探讨民用航空器和国家航空器在法律中的地位，有助于更好地保护国家的利益。对于民用航空器，国家需要确保其安全、高效、公平地运营，以促进航空业的发展；对于国家航空器，国家需要确保其能够执行军事、海关、警察等任务，以维护国家的安全和利益。

二、不同在哪里

民用航空器受到其所在地国家的司法管辖，并必须遵循该国的法律法规。当一国的民用航空器进入外国领土时，它并不享有任何特权，也不受任何管辖豁免权的保护。

三、为什么要区分

有助于明确各自的权利和义务、确保航空安全、促进国际交流与合作、维护国家利益以及推动行业发展。

知识案例 11

案例描述：

航空器的法律定位在民航业中是一个关键且复杂的议题。在处理国际航线和飞行事故时，航空器的法律地位常常成为跨国法律争议的焦点。本案例将围绕一起涉及航空器法律地位争议的跨国事故，探讨其中涉及的问题、分析其法律依据。

航空器登记国与实际运营国不一致：某国际航空公司的一架航空器在飞行过程中发生事故，造成人员伤亡和财产损失。该航空器在 A 国登记注册，但由 B 国的一家航空公司实际运营。在事故调查中，关于航空器的法律地位和责任归属引发了争议。

国际法律冲突与司法管辖争议：A 国和 B 国分别依据各自的法律对事故进行了调查和处理。A 国主张航空器作为其登记国的财产，应适用其国内法进行追责；而 B 国则认为航空器实际运营于其境内，应适用其国内法进行司法管辖。双方在国际层面发生了法律冲突并展开了对司法管辖权的争夺。

请思考并回答：

　　1. 请问谁拥有对航空器的管辖权？为什么？

　　2. 如何解决 A 国和 B 国之间管辖和法律依据适用的纠纷？

项目二　民用航空器国籍法律规制

任务一　了解航空器国籍的概念和意义

一、概念

航空器国籍是指航空器与某一特定国家之间的固定的法律联系，即航空器登记国的国籍。这种联系表明航空器隶属于该国家，并受该国法律的约束。航空器国籍的概念在航空法中占有重要地位，它涉及航空器的权利与义务、管辖与法律适用等方面。

根据国际法和各国国内法的规定，航空器国籍通常通过登记制度来确定。航空器所有人或经营人需要向所在国家的航空主管部门申请航空器国籍登记，领取国籍登记证书，并在航空器上标明国籍标志和登记标志。一旦完成登记，航空器就被视为具有该国国籍，并受到该国法律的管辖和保护。

需要注意的是，航空器国籍与航空器所有权是两个不同的概念。航空器国籍是指航空器与某一国家的法律联系，而航空器所有权则是指航空器归谁所有的权利关系。一个航空器可以属于某个国家的国籍，但所有权可能属于该国的个人或法人，也可能属于其他国家的个人或法人。

此外，航空器国籍还具有唯一性，即每架航空器只能具有一个国籍，不能同时具有两个或多个国籍。如果航空器更换国籍，必须进行国籍转移登记，并在新国籍国重新进行登记。再者，在国际航空运输领域，进行跨国飞行的航空器必须展示合适的国籍标识和登记标志，以便于识别和监管。

总之，航空器国籍是航空法中的一个重要概念，它确定了航空器与特定国家之间的法律联系，同时明确了航空器在国际航空运输中的角色和法律地位。

二、意义

航空器国籍的重要性在于它确立了航空器与登记注册国（国籍国）之间的法律关系，这种关系赋予登记注册国对带有其国籍标识的航空器拥有权利和履行义务的能力。具体含义如下。

（1）法律关系与责任：航空器的国籍构成了它与登记注册国之间的法律"桥梁"，表明航空器在法律上归属于登记注册国。登记注册国必须维护航空器所有者、经营者以及民用航空器的合法权益，并对带有本国国籍标识的航空器实施有效的行政管理、技术监管以及社会事务的管辖和控制。

（2）权利与优惠：民用航空器在国籍国享有各种优惠，如航空运输政策、税收优惠等。在特定情况下，如公海上或外国领空发生刑事、民事案件时，国籍国还享有管辖权。

（3）安全与义务：明确航空器的国籍有助于增强飞行安全。登记国需要确保航空器遵守航空安全标准和规定，并对其进行监督和管理。如果航空器发生事故或违规行为，登记国需要承担相应的责任。

（4）国际合作与交流：明确航空器国籍有助于促进各国在航空领域的合作与交流。在国际航空运输中，各国通常根据航空器的国籍来识别和管理航空器，以确保航空安全和秩序。

总之，航空器国籍的意义在于建立航空器与登记国之间的法律联系，明确双方的权利和义务，促进航空安全和国际合作与交流。同时，航空器国籍也是国际航空法中的一个重要概念，为国际航空运输的规范和管理提供了基础。

知识案例 12

案例描述：

航空器的国家归属关系是指航空器与特定国家之间的法定纽带，这种纽带确定了航空器在跨国飞行时享有的权利以及应履行的责任。在民航领域，航空器国籍的确定对于国际航班的正常运营至关重要。本案例将围绕一起因航空器国籍争议导致的国际航班被拒事件，探讨其中的问题、分析其法律依据。

航空器国籍登记不明确：某航空公司的一架航空器在多个国家进行了登记注册，导致航空器的国籍存在争议。当该航空器试图飞越某国领空时，该国以航空器国籍不明确为由拒绝其飞越。

国际航班运营受阻：由于航空器国籍争议，该航空公司的国际航班被迫取消或改道，导致乘客权益受损和航班计划混乱。航空公司主张其航空器拥有多个国籍是合法的，而相关国家则认为这违反了国际航空法规定。

请思考并回答：

1. 该国拒绝航空器飞越该国的理由是否正确？为什么？

2. 航空公司和该国哪一方的主张正确？为什么？

任务二　掌握航空器国籍的法律要求

一、航空器国籍管理原则

（1）国籍原则：航空器必须隶属于某个国家，其国籍应当与其所属运营主体的所在国相同。任何航空器都只能被赋予单一的国家身份，不允许同时拥有两个或多个国家的身份。这明确了航空器在国际航空运输中的身份和地位。

（2）管辖原则：航空器在起飞、飞行和降落过程中，应当服从其所属国家的法律和管理机构的管辖。这意味着航空器必须遵守登记国的法律法规，并接受登记国的监管和控制。

（3）安全原则：航空器必须符合国际民用航空组织（ICAO）的安全标准，并在其所属国家的管理下进行维护和保养，以保障乘客和机组人员的安全。登记国需要确保航空器在运营过程中符合安全要求，防止事故发生。

换句话说，航空器的国籍，国际普遍采用的是登记制度，以此来判断该航空器的国籍；一架航空器只允许有一个国籍。

这些原则是为了确保航空器国籍管理的规范性和有效性，维护国际航空运输的秩序和安全。通过明确航空器与登记国之间的法律联系，各国可以对航空器进行有效的监管和控制，促进国际合作与交流，提高航空安全水平。同时，这些原则也为航空器所有人和经营人提供了明确的指导和要求，确保他们遵守相关法律法规，履行相应的义务和责任。

二、民用航空器国籍标志和登记标志

民用航空器的国家归属（国籍标志）和注册标识（登记标志）是其身份和国籍的关键识别标志。

（一）国籍标志

国籍标志是识别航空器国籍的标志，它是一个特定的标识，用于表示航空器属于哪个国家。根据国际民航组织的规定，国籍标志通常是字母、数字或两者的组合，它必须被永久性地附着在航空器的显著位置，以便识别和检查。选择国籍标志通常基于一套标准流程，遵循相应的规则，比如它可能依据国际电信联盟分派给登记注册国家的无线电呼号中的国家代码序列。

（二）登记标志

登记标志是航空器登记国在航空器登记注册完成后分配的标识，用以明确区分和识别特定的航空器。这个代码可能由字母、数字或它们的组合构成，并且必须紧随国家标识之后。在世界范围内，每个航空器的登记标志都是唯一的，以确保没有混淆或冲突。

（三）法律依据

在国际层面上，民用航空器的国籍标志和登记标志的规定主要法律依据是《国际民用航空公约》。这一公约是民用航空领域的全球性法律框架，其中规定了关于航空器国籍、登记和标志的一系列要求。此外，国际民航组织（ICAO）也制定了一套标准和建议性操作程序（SARPs），用于指导各国实施公约中的相关条款，包括航空器国籍标志和登记标志的具体规定。

在国家层面上，各国通常会根据《国际民用航空公约》及其相关 SARPs 制定自己的航空法规，旨在指导和监督在本国注册登记的民用航空器。这些法规通常会详细说明航空器国籍标志和登记标志的选择、设计、使用和管理要求。

总之，民用航空器的国籍标志和登记标志是其身份和国籍的重要标识，它们帮助人们识别航空器的来源和归属，并确保航空器在国际航空运输中的规范和安全。

三、民用航空器国籍登记的条件

民用航空器飞机的国籍登记注册要求和流程通常依据登记注册国的国内法律来确定。虽然各国对于民用航空器国籍登记的具体条件有所不同，但它们都遵循一个国家单一登记的原则。概括起来，民用航空器国籍登记的条件主要包括以下内容。

（1）所有权与控制权：航空器必须属于申请国籍登记的国家或其公民、法人或其他组织所有，并且这些所有者或控制者需要符合相关的资格要求。

（2）登记申请：航空器的所有者或合法控制者需要向所在国家的民用航空主管部门提交国籍登记申请。申请时需要提供航空器的所有权证明、技术资料以及其他必要文件。

（3）技术标准与安全要求：航空器必须满足国际民用航空组织（ICAO）及所在国家的技术标准和安全要求。这包括航空器的设计、制造、适航性以及维护等方面的要求。

（4）支付相关费用：在提交国籍登记申请时，申请者需要支付相关的登记费用。这些费用用于支持航空器国籍登记的管理和维护工作。

（5）遵守法律法规：航空器的所有者或运营者必须遵守所在国家的法律法规，包括航空安全、环境保护、经济政策等方面的规定。

具体的国籍登记条件可能因国家而异，因此在申请国籍登记时，建议申请者详细了解并遵守所在国家的具体规定和要求。例如，在我国采取的是"应当登记法"。

依据《中华人民共和国民用航空法》第七条的规定，以下民用航空器必须进行中国国籍注册：第一，属于中国国家机构所有的民用航空器；第二，依照中国法律成立的企业法人所拥有的民用航空器，若该企业法人的注册资本中包含外资，则其组织结构、人员构成和中国投资者的出资比例必须满足行政法规的要求；第三，中国民航局认为适合进行注册的其他民用航空器。若民用航空器是从国外租赁的，并且承租人满足上述条件，且航空器的机组人员由承租人安排，那么该航空器也可以申请中国的国籍注册，但前提是必须先取消其原有的国籍注册。

此外，《中华人民共和国民用航空器国籍登记条例》第二条第二项明确指出，对于中外合资航空运输企业，根据中国的法律，由企业法人持有的民用航空器飞机，外资在该航空运输公司的注册资本或实收资本中的比例不应超过35%，且在董事会的投票权也应限制在35%以内。

且在原《外商投资民航业规则》中，当外资参与公共航空运输公司的投资时，中国方面必须持有控制权，并且单一外资方（包括其关联企业）的投资比例不得超过25%。这意味着，如果有多家外商投资，它们的投资总额可以超过35%，但每家外商的投资比例不得超过25%。此外，对于一些特定项目，如公务飞行、空中游览和工业服务项目，外商投资比例可能会有更高的限制，这些项目通常需要中方控股。

此外，《民用航空器国籍登记规定》第五条明确指出了需要进行国籍登记注册的民用航空器飞机种类，涵盖了中国国家机构、依法成立的企业法人、在中国境内有固定居所或主要业务地点的中国公民，以及依法设立的非营利法人所拥有的民用航空器，以及民航局认为适合登记的其他民用航空器。对于从国外租入的航空器，如果租户满足条件，并且航空器的机组由租户提供，租户可以申请将其注册为中国国籍，但必须先取消其原有的国籍注册。

值得注意的是，为了与国际标准一致，《中华人民共和国民用航空法》允许在满足特定条件的情况下，从国外租入的民用航空器申请中国国籍注册。这一规定与《芝加哥公约》的规定保持一致，即航空器不能同时在多个国家注册，但登记注册可以从一个国家转移到另一个国家。国际惯例是，租赁航空器应适用的法律为使用所租飞机的航空公司住所地法。从法律角度看，租赁的航空器在经营人的本国登记具有优越性，因为这样便于对该航空器进行管理和承担责任。然而，要完成此类注册登记，必须符合特定的要求，如经营人必须是中国法人、航空器基地在中国境内、经营人需向中国民航局提交相关申请及产权证明等。

上述是对《中华人民共和国民用航空法》及其相关法规中，涉及民用航空器国籍"应当登记法"原则及其具体规定的理解。

四、民用航空器国籍登记的程序

依据《中华人民共和国民用航空法》第六条的规定，民用航空器在经过中国国务院民航主管部门的合法登记注册国籍后，即获得中国的国籍，同时会颁发相应的国籍注册登记证书。

航空器的注册流程涵盖常规注册（一般登记）、变更注册（变更登记）、注销注册（注销登记）和临时注册（临时登记）四种形式。此外，国务院民航局还建立了一个统一的中国民用航空器国籍登记簿，用于记录所有民用航空器的国籍注册登记信息。

（一）一般登记程序

1. 申请人需提交的文件

根据《中华人民共和国民用航空器国籍登记条例》第七条，申请中国民用航空器国籍登记注册的申请人必须按照国务院民航主管部门规定的格式，准确填写民用航空器国籍登记注册申请表，并提交以下文件。

（1）证明申请人合法身份的证明文件。

（2）证明航空器所有权的购买合同和交接文件，或证明航空器占有权的租赁合同和交接文件。

（3）证明该航空器未在其他国家登记注册或已取消其他国家注册登记的证明文件。

（4）国务院民航主管部门要求的其他相关文件。

2. 主管部门的工作流程

依据《中华人民共和国民用航空器国籍登记条例》第八条，国务院民航主管部门在收到民用航空器国籍登记注册申请后的 7 个工作日内，将对申请表和相关证明文件进行审核。如果申请满足要求，将向申请人发放中国民用航空器国籍注册登记证书。此外，《民用航空器国籍登记规定》第十二条明确，民航局在民用航空器国籍登记簿中必须记录以下信息。

（1）民用航空器国籍标志和登记标志。

（2）民用航空器制造人名称。

（3）民用航空器型号。

（4）民用航空器出厂序号。

（5）民用航空器所有人名称及其地址。

（6）民用航空器占有人名称及其地址。

（7）民用航空器登记日期。

（8）民用航空器国籍登记证书签发人姓名。

（9）变更登记日期。

（10）注销登记日期。

（二）变更登记程序

根据《民用航空器国籍登记规定》第十四条，当登记为中国国籍的民用航空器遇到以下情况时，必须向民航局提出变更登记的申请。

（1）民用航空器所有人或其地址变更。

（2）民用航空器占有人或其地址变更。

（3）民航局规定的其他需要办理变更登记的情形。

申请人必须使用民航局指定的格式填写民用航空器变更注册申请表，并附上必要的证明文件，同时归还原有的民用航空器国籍登记证书。民航局在收到变更注册申请后的7个工作日内对文件进行审核，若申请满足规定，将在民用航空器国籍登记簿上记录变更，并发放新的民用航空器国籍登记证书。

（三）注销登记程序

《民用航空器国籍登记规定》第十五条规定，在出现以下情形时，登记注册为中国国籍的民用航空器应当向民航局提出注销的申请。

（1）民用航空器所有权依法转移至境外并已办理出口适航证的。

（2）民用航空器退出使用或报废的。

（3）民用航空器失事或失踪且已停止搜寻的。

（4）符合本规定第五条第二款规定的民用航空器租赁合同终止的。

（5）民航局规定的其他需要办理注销登记的情形。

申请人必须使用民航局指定的格式填写民用航空器注销登记申请表，并附上相应的证明文件，同时归还原有的民用航空器国籍登记证书（本条款中第3项的情况除外）。民航局在收到申请后的7个工作日内进行审核，若申请满足要求，将取消该民用航空器的国籍登记。一旦国籍登记被取消，航空器上的国籍标志和登记标志应当被遮盖。

（四）临时登记程序

根据《民用航空器国籍登记规定》第三十一条的规定，任何未获得民用航空器国籍登记证书的民用航空器，在计划进行特定飞行前30天内，必须按照民航局指定的格式提交一份申请表，并附上必要的证明文件，以便完成临时登记手续。

（1）验证试验飞行、生产实验飞行。

（2）表演飞行。

（3）为交付或出口的调机飞行。

（4）其他必要的飞行。

根据规定，申请临时国籍登记的主体可以是民用航空器的制造商、销售商或是民航局认可的其他相关方。一旦民航局同意临时登记的申请，便会指定一个临时的国籍标志，并发放相应的临时登记证件。该证件仅在证件上注明的有效期内有效，并且必须在航空器上明确展示这一临时标识。获得临时国籍标志的民用航空器，应使用易于移除的材料，将该标识贴附于航空器表面，并覆盖任何预先存在的外国国籍标志或登记标志。载有临时登记标志的民航空器不得从事本规定第三十一条第一款以外的飞行活动。

请注意，民用航空器的国籍登记程序可能因国家或地区的不同而有所差异。在进行国籍登记时，建议申请人详细了解并遵守所在国家或地区的具体规定和要求。此外，随着国际航空法规的不断更新和发展，国籍登记的程序也可能会有所变化，因此申请人需要保持对最新法规的关注和了解。

五、民用航空器登记国的权利和义务

（一）权利

1. 管辖权

（1）航空器登记国的有关法律，在航空器所在国的法律或者航空器登记国缔结或参加的国际条约没有另外规定时，同样适用于本国航空器在境外的情况。

（2）航空器在执行飞行任务时，若其位于国际水域或无主土地上空，该航空器内部发生的法律事务，应遵循其登记注册国的法律进行规范。

（3）在航空器飞行过程中，若其飞越国际水域或无主土地，登记注册国拥有对其内部发生的犯罪行为及其他特定行为的司法管辖权，但这并不妨碍该航空器飞越的国家依据其本国法律行使相应的刑事管辖权。有些国家的国内法规定了较宽的域外刑事管辖权，自然会与领土国家的属地管辖权相冲突。此类矛盾应通过恰当的程序予以处理。

2. 保护权

（1）若航空器在境外遭遇紧急情况，其登记注册国的有关机构在遵守当地法规的前提下，有权实施必要的救援行动。

（2）在航空器于外国发生事故的情况下，登记注册国有权派遣代表参与事故调查，并可要求事故所在国提供相关的报告和调查结果。

（3）航空器登记国的领事官员根据双边领事条约的规定，在领区内有权对停留在接受国的机场或在空中飞行的本国航空器提供一切必要的协助，可以同本国机长和机组成员进行联系，并可请求接受国主管当局提供协助。

（4）航空器登记国领事官员有权在领区内就本国航空器采取下列措施：

①在不损害接受国主管当局权利的情况下，对本国航空器在飞行中和在机场停留时发生的任何事件进行调查，对机长和任何机组成员进行询问，检查航空器证书，接受关于航空器飞行和目的地的报告，并为航空器飞行、降落和在机场停放提供必要的协助。

②如登记国法律有规定，则在不损害接受国当局权利的情况下解决机长和任何机组成员发生的各种争端。

③对机长和任何机组成员的住院治疗和遣送回国采取措施。

④接受、出具或证明本国法律就航空器规定的任何报告或其他证件。

（5）当接受国法院或其主管当局对航空器或其机长或任何机组成员采取任何强制措施或进行正式调查时，航空器登记国的有关领事官员可以事先得到通知，以便本人或派代表到场。如情况紧急事先未得到通知，可以在接受国采取上述行动后立即得到通知，并可请求接受国提供所采取行动的一切有关资料。

（6）在航空器的机长、运营商及其代理人或相关保险公司无法对事故航空器上的货物进行保护或处理时，登记注册国的外交官有权代表他们采取必要的行动。

3. 管理权

（1）任何进行跨国飞行的航空器都必须在其上清晰展示其注册国家的国籍标志和登记注册标志。

（2）参与国际航线的航空器必须携带由其注册国发放或认可的以下文件：

①航空器登记证。

②航空器适航证。

③航空器驾驶员及飞行组其他成员的合格证和执照。

④航空器无线电台许可证。

（二）义务

1. 发证义务

航空器登记国为其航空器发给或核准适航证和合格证书及执照，既是权利，也是义务，发证要求不得低于国际最低标准。

2. 管辖义务

登记注册国必须采取适当行动，以确保其对发生在本国登记注册航空器内的犯罪行为及其他特定行为拥有司法管辖权。

3. 保证义务

登记注册国须确保其国籍标志下的航空器，无论在任何地点，均须遵循当地的航空器飞行和操作的现行法律和规定。尤其是遵守拦截指令，并承允对违反适用规章的一切人员起诉，予以严厉惩罚。

4. 提供资料义务

若接到请求，登记注册国须向其他国家或国际民用航空组织披露其登记注册航空器的登记和所有权信息，并依据国际民用航空组织的规则，向该组织呈报有关其登记注册且频繁进行国际航行的航空器的所有权和控制权的相关资料。

5. 禁止义务

登记注册国必须实施适当行动，以防止其登记注册的民用航空器被用于违背《国际民用航空公约》宗旨的活动。

备注说明：①因属地优越权，除按规定享有一定特权和豁免权的外国国家航空器以外，该航空器在本国域内自然置于该国的管辖之下；上述谈论的其实是航空器登记国对在域外的本国航空器享有哪些权利和承担何种义务。②只要登记注册国发放或认可的适航证书、合格证书和执照符合或超过《国际民用航空公约》规定的现行最低标准，其他国家应予以认可其有效性。③前述责任仅适用于相关条约的签署国。任何国家若违背其承诺的义务，须承担相应的国际责任。

（三）法律责任

依据《民用航空器国籍登记规定》第三十四条的规定，如遇以下任一情形，民航局或其授权的地区管理局有权禁止该民用航空器起飞，并可给予警告；若该民用航空器用于商业活动并有违法收入，可处以违法收入三倍以下的罚款（但不超过 30000 元），若无违法收入，则可处以不超过 10000 元的罚款；若该民用航空器用于非商业活动，则可处以不超过 1000 元的罚款。

（1）违反本规定第四条，民用航空器没有或未携带民用航空器国籍登记证或临时登记证。

（2）违反本规定第十九条，伪造、涂改或者转让民用航空器国籍登记证书的。

（3）违反本规定第三十三条，载有临时登记标志的民用航空器从事本规定第三十一条第一款以外的飞行活动的。

再据第三十五条规定，有下列情形之一的，民航局或者其授权的地区管理局可以处以警告；利用该民用航空器从事经营活动，若存在非法收益，可对违法所得处以不超过三倍的罚款（但罚款总额不超过 30000 元）；若无非法收益，则可处以不超过10000 元的罚款；若该民用航空器用于非商业性活动，则可处以不超过 1000 元的罚款。

（1）违反本规定第二十四条、第二十五条、第二十六条，不按规定的位置、字体、尺寸在航空器上标明国籍标志和登记标志的。

（2）违反本规定第二十七条，在民用航空器上喷涂、粘贴不符合规定或者经民航局批准的图案、标记或者符号的。

（3）违反本规定第二十八条，不按规定在每一航空器上标明民用航空器所有人或者占有人的名称和标志的。

知识案例 13

案例描述：

在民航领域，航空器国籍登记是确保航空器合法运营和接受监管的重要程序。航空器只有在完成国籍登记后，才能获得国际航行权，并在国际民用航空组织（ICAO）的记录中获得确认。本案例将围绕因航空器国籍登记违规导致的国际航行受阻事件，分析其中涉及的问题，并给出相应的法律依据。

航空器国籍登记信息错误：某航空公司的一架航空器在进行国籍登记时，由于工作人员的疏忽，登记信息出现了错误。当该航空器试图飞越其他国家领空时，被相关国家发现其国籍登记信息与实际不符，导致被拒绝入境。

　　航空器未进行国籍登记：另一家航空公司的航空器在投入使用前，未按照规定进行国籍登记。当该航空器尝试进行国际航班时，被国际民用航空组织发现并通知各国禁止其飞越。

请思考并回答：

1. 国籍信息登记错误会有哪些影响？

2. 未登记国籍的航空器在国际航行中将会怎样？

项目三　民用航空器权利法律规制

任务一　理解民用航空器的权利

一、概念

民用航空器的权利，涵盖其结构、引擎、螺旋桨、无线电设备以及所有旨在民用航空器上使用的物品，无论这些物品是固定安装的还是暂时拆卸的。

请注意，根据《日内瓦公约》对于"航空器"的界定，即本公约所称的"航空器"，涵盖航空器本体、引擎、螺旋桨、无线电设备以及所有航空器专用的部件，无论是固定安装还是暂时拆下的。因此，此处提及的航空器权益，指的是民用航空器权利持有人对航空器作为一个"整体"所享有的权利，包括其所有必要的组成部分，即使有关部件临时拆卸下来，而不是指对民用航空器的各个组成部分分别享有和设定权利。

二、民用航空器权利的种类

根据法律规定，民用航空器的权利持有人必须向国务院民用航空主管部门分别登记以下权利：①民用航空器的所有权；②通过购买获得并持有民用航空器的权利；③基于六个月以上租赁期限的租赁合同而持有民用航空器的权利；④民用航空器的抵押权。

（一）民用航空器所有权

民用航空器所有权是指依法由民用航空器的拥有者对其航空器所享有的占有、使用、收益和处置的权利。这种所有权在形式上表现为人与物的关系，实质上是法律所认可和保障的人与人对航空器占有的法律关系，属于民事法律关系的范畴。因此，民用航空器所有权的成立需满足三个要素：主体、内容和客体。所有权的主体即拥有者，

称为所有人；义务主体则指所有人之外的任何人。所有权的内容涵盖了权利主体所享有的权利和义务主体应履行的义务。所有权的客体则指航空器本身。根据法律规定，民用航空器的所有人有权占有、使用、收益和处置其航空器。

1. 占有权

占有权指的是对民用航空器的实际控制或法律上的控制权。通常情况下，民用航空器的所有人会实际控制其航空器，这是其行使占有权的直接体现。然而，随着航空运输业的发展，出现了多种新型的占有方式。在许多情况下，民用航空器并不由所有人实际控制。例如，在融资租赁、经营性租赁或其他租赁形式下，航空器在约定的租赁期间内，由承租方进行实际控制。

2. 使用权

使用权是指对航空器的功能进行实际操作。通过行使使用权，可以充分发挥航空器的经济效益，促进所有人事业的发展，满足广大旅客及货主需求服务。使用权通常直接归所有人所有，但根据法律规定，也可以由非所有人间接拥有。例如，在租赁期限内，承租的航空器便可以由承租方行使使用权。

3. 收益权

收益权是指民用航空器的拥有者能够通过其航空器的使用获得经济利益，例如通过参与国际航空运输或货物运输来实现经济上的收益。

4. 处分权

处分权意味着民用航空器的拥有者有权依法对航空器进行处理。在行使这一权利时，拥有者可以自行使用、转让或出售航空器，从而使所有权终止或转移给第三方；也可以通过签订以航空器为对象的租赁合同，将航空器的占有和使用权转交给他人；在特定情况下，如留置权或抵押权，处分权也可以依法由非拥有者行使。

请注意：①上述四种权利共同构成所有权的内容，但在实践中，这四项权利并非所有权不可分割的因素；根据法律，通过订立合同或者按所有人的意志，这些权利可以或有必要与所有人分离而转移给他人。②民用航空器的所有权，根据权利获得的方式，可以分为原始所有权和继受所有权。原始所有权指的是航空器制造商对其制造的航空器拥有的所有权，而继受所有权则是指航空公司通过直接购买获得的航空器所有权。③就内容而言，民用航空器所有权囊括了占有、使用、收益和处分四个方面的权利。

（二）通过购买行为取得并占有民用航空器的权利

这种权利是通过购买行为获得并控制民用航空器的，不同于前面提到的原始取得和继受取得的对民用航空器的所有权，权利人在支付约定款项或者完成约定的其他条件之前，仅拥有将来获得并控制航空器的权利，而不具备对航空器的所有权。这通常发生在购买者通过条件性销售、分期付款或租赁购买等方式购买航空器时，在未正式获得民用航空器所有权之前，他们仅拥有对该航空器的占有权。这是英美法系的概念，后来逐渐为大陆法系所接受。

（三）根据租赁期限为六个月以上的租赁合同占有民用航空器的权利

此处所指的民用航空器占有权，既涵盖了基于经营性租赁协议的占有权，也包括了基于融资租赁协议的占有权，但它们均受时间限制，即所有租赁合同的期限至少需为六个月。对于租期不足六个月的租赁合同所涉及的民用航空器占有权，不属民用航空法规范的"民用航空器权利"之列，亦不受民用航空法调整的约束。

（四）民用航空器抵押权

抵押是指债务人或第三方在不改变财产占有权的情况下，将财产用作债务偿还的保障措施。当债务人未能履行其债务时，债权人有权依法将该财产进行估价，或通过拍卖、出售该财产，并从所得款项中优先获得偿还。

抵押权是一种权利，它允许对特定财产的价值进行控制，通常通过限制财产所有者的权利来实现，而不需要转移财产的占有。这种权利是为了确保债务的履行而设立的，它赋予了债权人在债务人未能偿还债务时，对抵押财产进行处置的权利。抵押权的设立旨在保障债权的实现。作为抵押权人，有权监督和审查抵押财产的状况，并在必要时介入其管理。

三、民用航空器权利登记制度

（一）意义

民用航空器权利登记是指国务院民用航空主管部门负有管理和执行民用航空器权利登记的职责，并创建了一个统一的民用航空器权利登记簿，用以记录所有权利登记相关的信息，对民用航空器权利人、权利性质及种类、权利取得时间、民用航空器国

籍等有关事项进行记载。所有关于同一民用航空器的权利登记信息必须统一记录在一个权利登记簿上，且这些信息对公众开放，允许公众进行查询、复制或摘录。

我国首次以法律形式明确了民用航空器权利登记的机制，这一规定出现在《中华人民共和国民用航空法》第十一条：要求民用航空器的权益持有者必须分别就其所有权和抵押权等向国务院民用航空主管部门提交权利登记申请。

（二）民用航空器权利登记制度的作用

1. 确认权利

经国务院民用航空主管部门登记的民用航空器权利，由于受到法律的确认，获得广泛认可的合法权威性，并享有国家法律强制保障的权利，能够向非权益相关方主张权利。

2. 实施管理

民用航空器，价值通常相当高，属于动产范畴，它们经常飞越不同国家的领空，乃至国际水域的上空。实行登记制度进行管理，便于国家掌握其流向。

3. 公示社会

民用航空器权利登记具有将民用航空器权利状况的事实向社会公开，用以标示民用航空器流转情况的作用。这是为了保障民用航空器交易的安全性。实行权利登记制度，可以消除银行的担心和疑虑，使航空器的权利状况全部公开化，债权人可以很方便地随时掌握航空器权利变化情况，保护债权人利益，为了简化以航空器为中心的各类交易流程，进而推动航空业的繁荣。

四、民用航空器权利登记的管理

（一）民用航空器权利登记机关

我国负责民用航空器权利登记的官方机构是国务院民用航空主管部门，当前这一职责由中国民用航空局执行。作为国务院下属的全国民用航空事务的行政管理部门，由中国民用航空局来承担这项职责是合理的。

（二）航空器权利登记簿

航空器权利登记簿是由国务院民用航空主管部门建立的，用于集中记录民用航空器权利信息的法定文件。

根据《中华人民共和国民用航空法》第十二条的规定，国务院民用航空主管部门负责建立一个用于记录民用航空器权利信息的登记簿。所有关于同一航空器的权利登记信息都统一记录在该登记簿上。公众可以查阅、复制或摘录这些权利登记信息。该法律条款之所以这样规定，理由如下。

（1）规定国务院民用航空主管部门有责任建立民用航空器权利登记簿，统一记载全国所有的民用航空器的权利状况，避免分散登记，充分发挥民用航空器权利登记制度的应有作用，依法履行义务，设立民用航空器权利登记簿，是民用航空器权利登记制度得以实施的必要保障。

（2）规定对于同一民用航空器的权利信息必须统一记录在一个权利登记簿里，而不允许分别记录在不同的登记簿中。是希望让权利登记机关和有关当事人能统一、全面地掌握每一航空器在购买、租赁、抵押等过程中的权利变化情况，便于监管，有助于相关方有效及时地保护自己的法定权利。

（3）民用航空器权利的登记信息对公众开放，允许查询、复制或摘录。这种做法体现了民用航空器权利登记制度的公开性。通过确保民用航空器权利登记的透明度和公开性，便于公众了解航空器的权益情况，参与监督管理，便于有关权利人及时掌握民用航空器权利变化的有关情况，一旦发现损害自己权利的情况，可以立即采取必要措施，切实维护自己的合法权益。

五、民用航空器的国籍或权利的登记转移

根据《中华人民共和国民用航空法》第十三条的规定：若非通过法律程序强制出售民用航空器，在相关权利获得补偿或得到权利持有者同意之前，不允许将民用航空器的国籍登记或权利登记转移到其他国家。

（1）除非依法进行强制性拍卖，否则不得肆意将民用航空器的国籍登记或权利登记转至境外。这意味着，除非由于法律程序，否则民用航空器的所有权不能随意改变，这是为了保护民用航空器的权利和利益，防止其被非法转让或出售。

（2）在已登记的民用航空器权利获得相应的补偿或得到权利持有者的明确同意之前，禁止进行该权利的转移。这表明，如果民用航空器的权利尚未得到充分的补偿，或者权利人尚未同意转让，那么就不能进行转移。这是为了确保民用航空器的权利得

到充分的保障，不会因为转让而受到影响。

（3）特殊情况下，若已登记的民用航空器权利未获得相应的补偿或权利持有者未给予同意，不得将航空器的国籍或权利登记转移至国外。这一规则存在一种特殊情况，那就是当民用航空器依法被强制拍卖时。在这一情况下，即便相关的民用航空器权利尚未得到适当的赔偿，或者没有得到权利持有者的批准，该航空器的国籍和权利登记仍有可能被转移到其他国家。

知识案例 14

案例描述：

在民航领域，航空器权利是一个复杂而重要的议题。航空器权利涉及航空器的所有权、使用权、租赁权等多个方面，当这些权利发生争议时，可能会引发法律纠纷。本案例将围绕因航空器权利争议导致的法律纠纷，分析其中涉及的问题，并给出相应的法律依据。

航空器所有权争议：一家航空公司购买了一架航空器，但在完成交易后，卖方声称航空器的所有权仍然存在争议，拒绝交付航空器的相关文件和证书。航空公司因此无法将航空器投入运营，造成了巨大的经济损失。

航空器租赁权纠纷：一家租赁公司与一家航空公司签订了航空器租赁合同，约定租赁期限为一年。然而，在租赁期满前，租赁公司突然宣布终止合同，要求航空公司立即归还航空器。航空公司则认为租赁公司无权提前终止合同，双方因此产生了纠纷。

请思考并回答：

1. 就其巨大的经济损失，航空公司将如何救济？其法律依据是什么？

2. 航空公司就租赁公司无故终止合同的行为，可寻求怎样的法律救济？

任务二　了解民用航空器权利的优先权规定

一、概念

民用航空器优先权是指根据法律规定，债权人向民用航空器的所有人或租赁者提出损害赔偿要求时，拥有对相关民用航空器进行优先受偿的权利。这是一种特殊的担保物权，具有法定顺序性、无公示性等特性。

二、民用航空器优先权的适用范围

民用航空器优先权适用于以下两类债权。

（1）援救该民用航空器的报酬：这种债权是指因救援民用航空器所产生的报酬，对于这种债权，债权人有权要求民用航空器的所有人或租赁者等相关人员进行赔偿，并在产生的赔偿请求中拥有优先获得偿还的权利。

（2）保管维护该民用航空器的必须费用：这种债权是指因保管维护民用航空器所产生的必须费用，同样，债权人有权向民用航空器的所有人或租赁者等责任方提出赔偿要求，并在该赔偿请求所涉及的民用航空器上享有优先获得偿还的资格。

三、民用航空器优先权的行使方式

为实现民用航空器的优先受偿权，债权人必须在救援或维护保养工作完成后的三个月内，向国务院民用航空主管部门申请登记其债权。这是非常重要的一步，因为如果没有登记，债权人就无法取得民用航空器优先权。登记是一种公示方法，旨在保护债权人的权益，防止其他人未经授权就对该民用航空器进行处理。

四、民用航空器优先权的债权登记

根据《中华人民共和国民用航空法》第二十条的规定，按照第十九条所定义的民用航空器优先权，相关债权人应在救援或保养维护工作完成后的三个月内，向国务院民用航空主管部门办理其债权的登记手续。

（1）明确了申请登记的义务主体为债权人和享有民用航空器优先权的债权人，这特别指的是那些寻求民用航空器救援报酬的债权人和那些要求支付民用航空器维护保养必要费用的债权人。

（2）规定了权利登记的具体事项，包括民用航空器救援的报酬和保养维护所需的必要费用。

（3）指明了负责权利登记的机构，即国务院民用航空主管部门。

（4）规定了权利登记的有效期限，即债权人必须在救援或维护工作结束后的三个月内完成债权登记；逾期未登记的，将失去民用航空器优先权。

五、民用航空器优先权的债权受偿顺序

依据《中华人民共和国民用航空法》第十九条第二款和《日内瓦公约》第四条第二款的规定，对于民用航空器优先权的债务偿还，新发生的债务将优先于旧债务获得偿还。这其实是遵循"时间倒序原则"，也可以说是"时间在先，权利在后"的原则来安排债权的受偿顺序。其核心思想是遵循"为其他债务偿还提供条件的债务应优先偿还"的准则。因为这些后来产生的债务，在确保先前债务得以偿还方面发挥了关键作用。如果没有后发生的债权，那么先发生的债权可能也无法得到清偿。

六、民用航空器优先权的法律地位

民用航空器优先权属于法定的优先受偿权，与抵押权、质权和留置权并列，用于保障特定债权的实现。该权利不因担保物的分割或转让而受影响，即便民用航空器部分损坏，剩余部分依然对全部债权提供担保。同时，民用航空器优先权还具有法定的顺序性，即在同一航空器上存在多个优先权时，各权利之间存在法定的优先顺序。

总结来说，只有对民用航空器的所有人或承租人提出索赔，才能享有民用航空器的优先受偿权。这项权利是对债权人的重要保障，它确保了在债务人未能履行债务时，债权人能够得到及时的补偿。同时，这项权利的行使也需要遵守一定的程序，如在规定时间内向相关部门进行登记，这样才能确保这项权利的有效实施。

知识案例 15

案例描述：

在民航领域，航空器优先权涉及多个方面，如债权人对航空器的权利、政府优先权等。当这些优先权发生争议时，可能会影响到航班的正常运营，导致航班延误或其他不良后果。本案例将围绕因航空器优先权争议导致的航班延误事件，分析其中涉及的问题，并给出相应的法律依据。

债权人优先权争议：一家航空公司因未偿还债务，被债权人申请强制执行，要求对航空器进行查封。然而，该航空公司认为查封将严重影响其航班运营，且查封措施不当，因此与债权人产生了优先权争议。

政府优先权与航班运营：某国政府为了国家安全需要，对特定航空器实施了优先权，要求该航空器在特定时间内不得用于商业运营。航空公司认为此举严重损害了其商业利益，要求政府解释优先权的具体内容和法律依据。

请思考并回答：

1. 针对优先权的争议问题，该如何处理？
2. 航空公司面对政府优先权时，该如何处理？

知识拓展

国内外涉及"民用航空器国籍与权利法律规制"的主要法律依据

1. 国内

（1）《中华人民共和国民用航空法》：这部法律作为民航领域的基本法，对民用航空器的国籍、权利以及相关的法律责任等进行了全面规定。该法规确立了民用航空器国籍的注册机制，并对民用航空器的所有权、抵押权和优先权等方面的权利提供了法律框架。

（2）《中华人民共和国民用航空器国籍登记条例》：这是专门针对民用航空器国

籍注册的详细规则。它详细阐述了国籍登记的程序、条件以及相关的法律责任，确保每一架民用航空器都有一个明确的国籍。

（3）《民用航空器国籍登记规定》：这是民用航空局出台的行政规章。进一步细化了民用航空器国籍登记的具体操作和要求，为实际操作提供了明确的指导。

（4）《中华人民共和国民法典》中的合同编、物权编等相关法律：虽然这些法律并非专门针对民用航空器，但其中的一些原则和规定，如物权的设立、变动和消灭，合同的成立、履行和解除等，同样适用于民用航空器的国籍与权利法律规制。

2. 国际

（1）《国际民用航空公约》（芝加哥公约）：这是由国际民用航空组织所拟定的核心公约，其中对航空器的国籍、登记以及权利等进行了明确的规定。它确立了航空器国籍的原则，即每个航空器只能有一个国籍，并规定了国籍登记的程序和条件。

（2）ICAO制定的标准和建议措施（SARPs）：这些措施详细规定了航空器国籍登记的具体操作和要求，涵盖了注册申请、审核、核准以及注册证书的样式与所含信息等各个方面。SARPs为各国制定和执行自己的航空器国籍登记制度提供了重要的指导。

此外，还有其他国际条约、协议以及双边或多边航空运输协定等也可能涉及民用航空器国籍与权利的法律规制。这些文件在不同的层面和角度对航空器的国籍和权利进行了规定和约束，共同构成了国际民航领域的法律框架。

单元题库

民用航空器适航
管理法律规制

　　航空，一个充满梦想与奇迹的领域，每一次飞翔都承载着无数人的希望与寄托。然而，在这广袤的天空中，保障每一次安全起降的，是背后严谨的适航管理。它如同一道无形的护盾，守护着每一位旅客的平安。

　　本单元将带您深入探索这神秘而重要的领域。我们将一同领略适航管理的智慧与魅力，感受它在保障航空安全中的关键作用。通过法律规制的视角，我们将理解适航管理的内涵与外延，体会它在促进航空事业发展中的独特价值。

导入案例4

案例描述：

　　适航管理是保障航空器安全性和适航性的重要步骤，它包括航空器设计、生产、运营和维护等一系列环节。适航管理的主要目的是防止航空器因设计或制造缺陷、维护不当等原因导致飞行事故。本案例将围绕一起因航空器适航管理疏忽导致的飞行事故，分析其中涉及的问题，并给出相应的法律依据。

　　适航证书过期：一架航空器的适航证书已经过期，但航空公司未及时发现并更新。该航空器在一次商业航班中发生故障，导致飞行事故。

　　维护记录不完整：某航空公司的航空器维护记录不完整，未按照规定的时间和项目进行必要的维护。在飞行任务执行期间，该航空器的一个主要构件出现故障，引发了飞行事故。

请思考并回答：

　　1.承担此次事故的主体是谁？为什么？

　　2.为此次飞行事故承担责任的是谁？为什么？

项目一　适航管理的法律基础和要求

任务一　理解适航管理的概念性知识

一、概念

适航管理是指航空器适航管理机构遵循法律规定，对航空器从设计阶段到最终停用的所有阶段进行监管，确保航空器始终保持适航状态的管理活动。

民用航空器的适航管理是一种以确保航空器安全为目的的技术监管活动。它是国务院民用航空主管部门在制定了一系列最低安全标准的基础上，对民用航空器的设计、生产、运营和维护等环节进行系统、规范的审核、评估、监督和管理。

二、目的

现今的民用航空器不仅是科技进步的巅峰之作，也可能带来潜在的安全隐患。因此，适航管理显得尤为关键，它是确保民用航空安全的基础性任务之一。各国对航空器适航管理予以高度重视，都给予了法律保障。

适航性是指航空器在安全和结构完整性方面的标准特性，涵盖了航空器部件和子系统的性能以及操作的安全性和结构完整性。简言之，适航性是指航空器适宜于飞行并满足安全要求的特性。确保航空器保持适航状态意味着要求航空器具备这些特性。

三、特征

（1）适航管理具有权威性。适航管理所依据的适航标准和审定监督规则具有国家法律效力，所有的适航规章、标准，都是强制性的，即必须执行的。适航管理部门，必须具有高度的权威性。民用航空器的设计者、制造商、使用者和维修者，无论是单位还是个人，都必须遵守国家适航管理机构统一和公正的监管。适航管理部门代表国家行使这项管理权，是政府为了维护国家权威，对民用航空器的制造、使用企业所进行的监督检查。适航管理部门的权威性，一方面是由其社会地位所决定的，另一方面是由其自身的公正性所决定的。

（2）适航管理具有国际性。民用航空器既是国际民用航空运输的重要工具，又是国际上的重要商品。航空产品的进出口，特别是航空器生产日趋国际化，决定了各国的适航管理必然具有国际性。航空器干租、湿租的出现，使适航管理中的关系更为复杂化。因此，各国政府的适航管理部门为了保证本国民用航空的安全和利益，会根据本国的适航标准，严格审查各种进口民用产品。同时，各国也要求积极扩大国际交流，制订国际上能够得到普遍承认的适航标准，广泛订立保护本国利益的国际适航协议，使本国的民用航空产品能更多地进入国际市场。

（3）适航管理具有完整性。任何国家的适航管理机构，从航空器的设计、制造到使用、维护直至其退役，都必须进行以安全为目标的连贯、统一的监管、评估、审查和管理。这是保证民用航空器得以不断改进和发展，并保证其始终处于良好适航状态的现实需要，也是民用航空发展规律的客观要求。正是这些客观的需求，决定了适航管理的完整性。

（4）适航管理具有动态发展性。航空科技进步和民用航空业的不断发展，要求各国适航管理部门不断改进和增加新的适航标准，适航管理也必然随之变化发展。因此，适航管理不能是静态的、永恒不变的，而应当是动态发展的。

（5）适航管理具有独立性。为了保证适航管理部门在立法和执法工作上的公正性和合理性，大多数国家的适航机构在财政和管理体系上都是独立于民用航空器的设计、生产、运营和维护环节之外的政府监管实体。只有这种具有独立性的适航管理部门，才能真正严格地按照国家航空安全与发展改革的需要，确保民用航空的安全性，并推动民用航空运输和制造业的发展，实施公正且高效的适航管理。

四、分类

适航管理分为初始适航管理和持续适航管理两个主要类别。

（一）初始适航管理

初始适航管理是民用航空器适航监管的关键环节，它主要涵盖航空器投入运营前的设计和制造阶段。此项监管的目的是确保航空器及其部件的设计和制造遵循适航机构的规定，以确保民用航空器的安全性。初始适航管理的核心任务是在航空器交付使用前，适航机构根据各种适航标准和规范，对民用航空器设计和制造进行审定、批准和监督，并颁发相应的型号合格证书和生产许可证。

初始适航管理的流程包括型号合格审定和生产许可审定。型号合格审定是对航空器及其产品的设计进行批准，其批准文件包括型号合格证、型号设计批准书、型号认可证和补充型号认可证。对于设计更改的批准，其形式包括型号合格证的更改、型号设计批准书的更改、补充型号合格证和改装设计批准书。生产许可审定则是对航空器生产过程的批准，以确保生产的航空器符合设计标准和安全要求。

这种管理模式主要是通过发放和监管相关证书来实施的。通常的程序为：适航管理部门受理申请人申请的项目以后，指派审查组，拟订审查计划，确定审查标准，要求或提出专用条件，现场进行符合性检查和评估，审查合格的颁发证件。发证后对持证人要进行监督检查，必要时采取行政措施，促使持证人纠正存在的问题。

另外，机载设备的初始适航管理可与民用航空器初始适航管理相提并论。航空器设备的制造商对其产品的初始适航性承担主要责任，其责任通常涵盖确保设计和生产符合适航标准、执行适航性验证、向适航审查机构证明设备适航性，并确保设备的维修标准。航空器设备的适航审定是其整个开发过程中不可或缺的一环，必须确保研制技术方案满足初始适航的要求。

总体而言，初始适航管理是民用航空器设计到交付使用过程中的核心部分，它通过严格监督航空器设计和制造流程，确保民用航空器的安全性和结构完整性，进而保护公众的安全和福祉。

（二）持续适航管理

持续适航管理是指民用航空器在满足初始适航要求、获得适航证书并开始商业运营之后，为了维持其在设计和制造阶段所确立的基本安全标准或适航状态而进行的管理活动。

适航性是指航空器具备安全飞行的资质，它涵盖了一个抽象的、物质的以及全面的属性集合。而持续适航性主要涉及航空器在获得国家民用航空管理机构颁发的适航认证之后，在整个运行过程中，通过相应的安全解决方案和维护使其处于正常的运行状态。

持续适航管理的责任主体是多方面的,涵盖民用航空管理机构、型号合格证持有者、航空运营商和维修企业等。其中,民航局作为适航管理的政府代表,负责监管航空器的持续适航性,并通过发布适航指令来履行其监管职责。而型号合格证持有者,即设计和制造方,负责搜集与适航安全相关的信息,提出必要的纠正措施,并发布技术服务公告。同时,运营商和维修企业负有确保航空器持续适航的根本责任,他们需遵循适航管理机构的标准来执行航空器的改装、修理和维护工作,以确保民航运营的安全。因此,航空器以及使用和维修航空器的人员及单位构成了持续适航管理的三个核心对象;维修机构、维修人员和航空器则是持续适航管理的三个基本要素。

持续适航管理的应用包括 AEG(航空器评审组)和 AEG(持续监控)。AEG 评审是一种确保民用航空器在交付使用后,能够持续维持或恢复至适航审定时的安全水平的机制。它覆盖了航空器从设计、制造到使用、维修的整个周期,以确保航空器的持续运行安全性和经济效益。航空器一旦获得型号合格证并开始运营,AEG 评审会依据实际运行的反馈,对设计更改、规章要求的更新等进行持续监控。

总的来说,持续适航管理对于确保飞行安全、保护公众利益、推动民航业的发展具有至关重要的作用。这涉及对航空器的维修大纲和方案的审批,监督这些方案的执行情况,检查适航指令和重要服务通告的执行,审查失控部件的状态,评估保留项目和故障情况,以及分析和监督重大和重复故障,并对营运人的可靠性方案进行检查与评估,对维修记录进行检查等方式,确保民用航空器的适航性。

五、管理机关

世界上许多国家主管适航管理的部门和管理体制千差万别,但为了保证适航管理的权威性、国际性、完整性、动态发展和其独立性,各国基本上有个共同的特点,就是由各国管理航空运输的行业管理部门作为适航管理的部门。根据我国现行的法律规定,民用航空器的适航管理主要由以下机关负责。

1. 中国民用航空局

中国民用航空局是中国民航行业的监管机构,承担着对民用航空器适航性的监督管理职责。适航管理是一项复杂的工作,涉及民用航空器的设计、生产、使用和维修等多个环节,其目标是确保飞行安全。中国民用航空局在适航审定、市场准入、安全监管等方面都会加强研究和谋划,以保证民用航空器的安全运行。

2.地区管理局审定处或授权单位

在中国，如果申请人想要申请民用无人驾驶航空器特殊适航证，他们需要向所在地区的管理局审定处或授权单位提出申请。这个单位会对申请进行评估，并决定是否颁发特殊的适航证件。

3.适航审定司

适航审定司是中国民用航空局下属的单位，主要负责对航空器的适航性进行审查。该部门依照国家相关法规，对航空器设计、制造、运营和维护环节进行技术评估和监管。此外，适航审定司还会制定相关的管理程序和规定，以确保民用无人驾驶航空器系统的适航审定工作能够有序进行。

上述即为当前承担民用航空器适航监管职责的主要部门。这些机构通过制定和执行适航标准和程序，以及进行定期的检查和抽查，来保证民用航空器的安全运行。

知识案例 16

案例描述：

在民航领域，航空器适航管理基础知识是确保飞行安全不可或缺的一环。适航性监管规定了航空器在设计、生产、运营和维护的各个阶段都必须达到既定的安全规范。本案例将围绕一起因适航违规导致的飞行事故，分析其中涉及的问题，并给出相应的法律依据。

未按规定进行适航检查：某航空公司的一架航空器在执行定期航班任务前，未按照适航管理规定进行必要的适航检查。在飞行任务执行期间，该航空器的一个主要构件出现故障，引发了飞行事故。

违规使用未适航的航空器：一家小型航空公司为了节约成本，违规使用了一架未经适航认证的航空器进行商业运营。该航空器存在多处安全隐患，最终在一次飞行中发生事故。

请思考并回答：

　　1. 谁为此次事故承担责任？为什么？其承担责任的方式是？

　　2. 在此事故中，谁将面临相应的行政处罚和赔偿责任？监管部门是否有责任？为什么？

任务二　掌握适航管理的标准和要求

一、管理标准

　　（1）航空器设计和制造：航空器必须符合适航标准，包括结构强度、飞行性能、机载系统等方面的要求。设计和制造过程需要经过严格的审查和监督。

　　（2）航空器维护和维修：航空器需要进行定期的维护和维修，以确保其处于适航状态。维护和维修工作必须按照适航规定和程序进行，并由合格的人员执行。

　　（3）飞行员和机组人员：飞行员和机组人员需要具备相应的资质和技能，遵守适航规定和操作程序，确保飞行安全。

　　（4）运营和管理：航空公司和运营人需要建立健全的运营和管理体系，涵盖了飞行计划制订、机组资源协调、航空器调配等多个方面，旨在确保航空器的运营安全。

　　（5）适航审查和监督：适航管理机构会对航空器的设计、制造、维护、维修等进行审查和监督，确保各项工作符合适航标准和要求。

　　（6）安全记录和事故调查：航空公司和适航管理机构需要对安全记录进行监测和分析，对事故进行彻底调查和妥善处理，目的是总结经验并采取相应措施以提升安全标准。

　　适航管理旨在保障航空器的安全和可靠，维护乘客和机组人员的生命权益。不同国家和地区的适航管理标准和要求可能会有所差异，但都要遵循国际民用航空组织的相关规定和指导原则。这些标准和要求的制定和执行有助于提高航空运输的安全性和可靠性，促进全球航空业的发展。

二、管理要求

（1）符合性：所有民用航空器必须符合国家或国际的适航标准和要求，包括设计、制造、使用、维修等各个环节。适航管理机构会对航空器的适航性能进行全面的审查和评估，确保其符合适航标准。

（2）安全至上：适航管理的主要宗旨是保障航空器飞行的安全性。航空器的设计、制造、使用、维修等都必须把安全放在首要位置，任何可能影响飞行安全的因素都必须得到充分的控制和管理。

（3）证件齐全：从事民用航空器设计、生产、使用和维修的单位或个人必须取得相应的合格证、生产许可证、维修执照和适航证等有效证件。这些证件是适航管理机构对航空器适航性能的认可和证明，也是保障飞行安全的重要依据。

（4）持续适航性：自航空器获得适航证书起，需维持其适航状态，以保障其持续适航。这需要对航空器进行定期的检查、维修和保养，及时发现和处理可能影响飞行安全的问题。民用航空器在发生了以下三种情况之一时，航空器则不满足适航要求：①航空器表现出可能危害飞行安全的可疑迹象；②航空器受损且无法迅速修复；③航空器被长期封存。因此，民用航空器的所有人或租赁者在发现航空器不满足适航要求时，应当及时报告，而适航管理部门将视情况暂停其适航证书的有效性。

（5）国际合作：适航管理是一个全球性的活动，需要各国之间的合作和协调。各国适航管理机构需要共同制定和执行适航标准，确保航空器的适航性能在全球范围内得到认可和保障。

总的来说，适航管理的要求非常严格和全面，旨在确保航空器的适航性能和飞行安全。这需要各国适航管理机构、航空公司、制造商、维修人员等各方面的共同努力和配合。

知识案例 17

案例描述：

　　在民用航空行业，适航管理的规范和准则对于保障航空器的安全性至关重要。这些标准和要求涵盖了航空器的设计、制造、使用和维护等多个方面，旨在降低飞行事故发生的风险。本案例将探讨一起因未能满足航空器适航管理标准和要求而导致的民航事故，分析其中涉及的问题，并给出相应的法律依据。

　　设计缺陷导致适航标准不符：某型航空器在设计阶段未能充分满足国际民用航空组织（ICAO）和本国适航管理当局制定的适航标准。这些缺陷在后续使用中逐渐暴露，导致多起飞行事故。

　　维护不当违反适航要求：一家航空公司在对航空器进行维护时，未能按照制造商提供的维护手册和适航管理当局的要求进行。这种维护不当的行为导致了航空器性能下降，增加了飞行事故的风险。

请思考并回答：

　　1. 航空器未能满足适航标准的主要原因是什么？谁应当为此承担责任？

　　2. 应承担安全问题主要责任的主体有哪些？他们需要如何改进？

项目二　适航审查与监督法律规制

任务一　了解适航审查的程序和内容

一、审查程序

（1）申请与受理：申请人向适航管理机构提交适航审查申请，适航管理单位负责接收申请，并检查提交的文件是否完备、达标。

（2）初步审查：适航管理机构对申请材料进行初步审查，包括对申请文件的完整性、准确性和符合性进行核实，确保申请符合适航审查的要求。

（3）详细审查：在初步审查通过后，适航管理机构进行详细审查，包括对航空器的设计、制造、性能等方面进行全面评估，确保航空器符合适航标准和要求。

（4）现场审查：适航管理机构对申请人的生产设施、质量控制体系等进行现场审查，核实申请人的实际生产能力和质量控制水平是否满足适航要求。

（5）审查结论：根据详细审查和现场审查的结果，适航管理机构作出审查结论，确定航空器是否符合适航标准和要求，是否可以颁发适航证书。

（6）颁发适航证书：如果航空器符合适航标准和要求，适航管理机构将颁发适航证书，允许航空器投入运营。

需要注意的是，适航审查的程序可能会因不同国家和地区的适航管理机构差异而有所不同，但基本的审查流程和步骤是相似的。同时，适航审查是一个严格而复杂的过程，需要申请人充分准备和配合，确保航空器的适航性和安全性。

二、审查内容

（1）设计审查：对航空器的设计进行全面的审查，确保其符合适航标准和要求。这包括对飞机结构、机载设备、操作程序、材料和工艺等方面的审查。设计审查旨在

确保航空器的设计在安全性、经济性、舒适性和环保性等方面达到规定的标准。

（2）制造审查：对航空器的制造过程进行审查，以确保其符合适航标准和要求。这涵盖了对制造设施、质量管理体系、生产流程等方面的评估。制造审查旨在确保航空器在制造过程中达到规定的标准，从而保证其适航性能。

（3）性能评估：评估航空器的性能，涵盖其飞行性能、操控特性、航电系统功能等方面。性能审查旨在确保航空器在各种飞行条件下都能安全、稳定地运行，符合适航标准。

（4）适航文件核查：核查航空器的适航文件，包括各类合格证书、技术文档、持续适航资料等。适航文件审查旨在确保这些文件齐全、准确、符合适航标准，为航空器的适航审查提供依据。

（5）改装、维修和检验审查：如果航空器是二手的或经过改装、维修和检验，那么这些工作也需要接受适航审查。审查的内容包括改装、维修和检验的过程、结果和记录等，以确保这些工作符合适航标准和要求。

概括起来，适航审查的内容，包括三方面的内容，即航空器的设计、制造和维护与维修。三者的完美结合，才能满足真正意义上的适航要求，这就需要保证航空器设计的完整性，生产质量的高标准，满足设计规范，确保维修后持续适航。各国适航管理部门应对适航管理的三个方面进行严格的审定和监督检查，及时采取措施，使其遵守各种规章以符合适航标准。

总的来说，适航审查的内容非常广泛和复杂，需要对航空器的设计、制造、性能、适航文件以及改装、维修和检验等各个方面进行全面的审查。其宗旨在于确保航空器满足适航规范和条件，保护公众的生命财产安全。

知识案例 18

案例描述：

航空器适航审查是确保航空器安全性能的重要环节，它涵盖了从设计到制造的全面评估。适航审查的程序和内容对于保障飞行安全至关重要。本案例将围绕涉及航空器适航审查的实践案例，分析其中出现的问题，并给出相应的法律依据。

适航审查程序执行不严格：某新型航空器在提交适航审查时，审查机构未能严格按照规定的程序进行审查，导致一些关键的安全问题被忽视。

　　审查内容不全面：在对某型航空器进行适航审查时，审查机构未能全面覆盖所有规定的审查内容，特别是在系统安全性和可靠性方面评估不足。

请思考并回答：

　　1. 承担此次安全问题的责任主体是谁？承担主体应采取哪些措施予以改正？

　　2. 审查机构和制造商应如何提升系统的安全性和可靠性？

任务二　掌握适航监督的职责和要求

一、监督职责

　　（1）监督航空器的适航标准遵循情况：适航监督负责确保航空器在设计、制造、运营等各个阶段都严格遵守适航标准和要求。他们需要确保航空器的性能和安全性符合国际或国内的适航规定。

　　（2）审查和监督航空器的维修和改装工作：适航监督需要对航空器的维修和改装工作进行严格的审查和监督，确保这些工作都符合适航标准和要求，不会降低航空器的适航性能。

　　（3）执行和监督航空器的年检：适航监督需要执行航空器的年检，并签署适航证，确保航空器在运营过程中始终保持适航状态。

　　（4）审查航空器运行中的问题反馈：适航监管也包括对航空器运行中遇到的问题报告进行审查，分析航空器运行的安全趋势，提出改进航空器持续适航状况的意见和建议。

　　（5）监督维修人员培训机构：适航监督需要负责对维修人员培训机构的合格审定和持续监察，确保维修人员具备足够的技能和知识，能够保障航空器的适航状态。

　　（6）参与事故调查：在发生航空器事故时，适航监督需要参与事故调查，分析事

故原因，提出改进措施，防止类似事故再次发生。

总的来说，适航监督的职责就是确保航空器的适航性和安全性，保障公众的生命安全和财产安全。他们需要对航空器的设计、制造、运营、维修等各个环节进行严格的监督和管理，确保航空器符合适航标准，能够安全、稳定地运行。

二、监督要求

（1）熟悉适航法规和标准：适航监督需要熟悉和掌握适航法规和标准，了解航空器的设计、制造、运营等方面的要求。

（2）具备专业知识和技能：适航监督需要具备扎实的航空器技术知识和专业技能，能够独立完成适航审查和监督工作。

（3）严谨细致的工作态度：适航监督需要具备严谨细致的工作态度，对航空器的适航状态和维修改装等工作进行认真审查和监督，确保航空器的安全运行。

总之，适航监督是保障航空器安全运行的重要举措，需要具备专业知识和严谨细致的工作态度，以确保航空器的适航性能和运行安全。

知识案例 19

案例描述：

适航监管对于确保航空器在其整个使用期间持续满足适航要求至关重要。适航监督的职责和要求对于保障飞行安全至关重要。本案例将围绕涉及航空器适航监督的实践挑战，分析其中出现的问题，并给出相应的法律依据。

监督不力导致安全隐患未及时发现：某航空公司的一架航空器存在设计缺陷，该缺陷在后续使用中逐渐暴露，导致安全隐患。然而，负责适航监督的机构未能及时发现这一隐患，直到发生飞行事故后才引起重视。

监督程序不规范导致监管失效：在对某型航空器进行适航监督时，监督程序存在严重的不规范现象，导致监管失效。这包括对航空器制造商的监督不足、对航空器维护过程的监督缺失等。

请思考并回答：

　　1. 监督机构在此次事故中存在哪些过错？应如何改正？

　　2. 监管机构应如何采取措施解决监管流程不合规的问题？

国内外涉及民用航空器适航管理的主要法律规范

1. 国内

　　（1）《中华人民共和国民用航空法》：作为中国民航领域的基础性法规，它明确规定了民用航空器的适航管理要求，包括适航标准的制定、适航证的颁发以及适航管理的监督等。

　　（2）《中华人民共和国民用航空器适航管理条例》：这是一项专门规范民用航空器适航性的行政法规，涵盖了适航管理的流程、标准及相应的法律责任。该法规规定了涉及民用航空器设计、制造、运营和维护的组织与个人必须遵循适航管理规则，以保障航空器的安全性和适航性。

　　（3）部门规章和规范性文件：中国民用航空局及其有关单位制定的众多规章和规范性文件，同样是构成适航管理法律框架的关键元素。这些文件的内容包括适航审定的具体程序、技术标准、合格审定要求等，为适航管理提供了具体的操作指南。

2. 国际

　　（1）《国际民用航空公约》（《芝加哥公约》）及其附件：作为全球民用航空领域的根本性公约，《芝加哥公约》及其附件对民用航空器的适航管理提出了原则性要求。特别是其附件8对适航管理的标准和程序进行了详细规定，为各国制定和执行自己的适航管理制度提供了指导。

　　（2）国际民用航空组织（ICAO）制定的标准和建议措施（SARPs）：ICAO作为国际民航领域的权威机构，确立了适航管理的多项标准与建议性措施。这些SARPs为各国制定和执行适航管理制度提供了具体的指导和参考。

　　此外，其他国家或地区的民用航空法规、双边或多边航空安全协定等也可能涉及民用航空器适航管理的法律规制。这些文件从不同层面和角度对适航管理进行规定和约束，共同构成了国际民航领域的法律框架。

单元题库

>>> >>> 单元五

民用航空器租赁、搜寻救援与事故调查法律规制

　　在民用航空领域，航空器租赁、搜寻救援与事故调查构成了一道安全屏障，维系着每一次飞翔的平安与顺畅。本单元将带您走进这一领域，领略法律规制下的航空安全之美。

　　通过租赁，航空器得以跨越国界，服务于世界各地；在紧急时刻，搜寻救援的及时响应，守护着生命的希望；而事故调查，则旨在还原真相，追责纠偏，守护飞行的未来。

　　本单元将逐一探讨这些环节的法律规制，旨在让您领略到法律的庄严与民航安全息息相关，您将感受到法律与航空的交融之美，在每一次飞翔背后，都有法律的默默守护。

导入案例 5

案例描述：

在民用航空领域，航空器租赁、搜寻救援和事故调查是三个重要的法律规制环节。这些环节涉及多个法律问题，如合同关系、责任归属、救援义务和事故调查程序等。本案例将围绕涉及民用航空器租赁、搜寻救援与事故调查的实践案例，分析其中出现的问题，并给出相应的法律依据。

航空器租赁合同纠纷：某航空公司（承租人）与一家航空器租赁公司（出租人）签订了一份航空器租赁合同。然而，在合同履行过程中，双方就租赁费用、租期以及航空器的维护责任等问题产生了争议。

搜寻救援义务履行不当：在一次国际航班中，航空器突然遭遇机械故障，需要紧急搜寻救援。然而，由于搜寻救援过程中存在协调不畅、延误等问题，导致乘客和机组人员面临较大的安全风险。

事故调查程序不规范：在航空器事故发生后，相关机构进行了事故调查。然而，调查过程中存在程序不规范、证据收集不全等问题，导致事故原因未能完全查明，责任归属不清。

请思考并回答：

1. 面对此纠纷，合同双方应按哪些步骤去解决？

2. 当面对搜寻救援义务履行不当时，相关机构和机组人员应如何避免此种危机的再次发生？

3. 如何解决因事故调查程序不规范所导致的事故原因未能完全查明，责任归属不清的问题？

项目一　民用航空器租赁法律规制

任务一　了解航空器租赁的种类和程序

一、概念

航空器的租借，亦称为飞机租借或航空器租借，是指航空公司或其他团体通过租赁方式获取航空器（如飞机）的使用权，以满足其运营需求。这是一种商业行为，涉及将航空器的使用权在一定期限内转让给承租人，承租人则支付相应的租金。

二、种类

航空器租赁可以根据不同的标准进行分类，主要有以下几种常见的类型。

（一）经营租赁

经营租赁即航空器出租方将飞机租借给租借方，在租赁期限内，租借方仅享有航空器的使用权而非所有权。经营性租赁的期限通常较短，一般为期数年，主要用于满足租借方短期或周期性使用航空器的需求。经营租赁的租金通常是按月或按季支付，出租人需要承担航空器的维护和保养责任。

经营租赁的特点如下。

（1）可解除性：在合同期限内，租借方有权选择终止合同并退还设备，以便更换更先进的设备。

（2）部分成本回收：出租方仅能从租赁中回收部分投资成本，需要通过多次租赁给不同租借方来收回剩余的投资和预期利润。

（3）租赁公司的职责：租赁公司不仅提供资金支持，还提供维护管理等专业服务，对租赁设备的适用性和性能负责，并承担过时风险，包括购买保险。

（4）**设备选择权**：设备的选择通常由出租方决定，倾向于选择通用设备或技术更新迅速的高价值设备。

（5）**租赁期限**：租赁期限较短，且允许提前终止合同。

（6）**所有权归属**：出租方保留租赁设备的所有权，并承担相关的所有利益和风险。

经营租赁通常适用于短期租赁和快速技术迭代的项目。例如，大型制造企业可以通过经营租赁将其产品提供给客户使用，客户按合同支付租金，在租赁期结束后归还设备。

（二）融资租赁

融资租赁即出租方向供应商购买由租借方指定的租赁资产，并将其提供给租借方使用，而租借方则按期支付租金；租赁期限届满时，租借方有权选择按设备的剩余价值购买该设备，以此获得所有权。这种模式实质上是一种结合了资金和设备融资、贸易及技术迭代的现代金融服务业，甚至可被视为一种特殊的金融工具，涉及出租人、承租人和供货人三方关系。融资租赁的期限通常较长，一般会持续数十年甚至几十年。融资租赁的租金通常是按月或按季支付，承租人需要承担航空器的维护和保养责任。

融资租赁的优点主要体现在以下几个方面。

（1）**设备更新**：通过融资租赁，企业可以方便地实现设备的更新换代，无须一次性投入大量资金。

（2）**降低资本门槛**：融资租赁可以帮助企业跨越资本门槛，实现设备的快速获取。

（3）**财务杠杆效应**：融资租赁以承租人占用融资成本的时间计算租金，因此具有财务杠杆效应，可以提高企业的资金使用效率。

（4）**税收优势**：在特定条件下，融资租赁可能获得税收上的好处。

（5）**风险承担**：融资租赁模式下，租赁资产的大部分风险和收益已由出租方转移到租借方。

融资租赁通常分为三种形式：直接租赁、回租和其他方式。

直接租赁是融资租赁的经典模式，涉及出租方、租借方和销售方三个参与方。而回租则是指租借方将自己的资产出售给出租方，再通过签订融资租赁合同将资产租回的方式。在这两种模式下，资产所有权可以根据合同选择转移或保留。

经营租赁与融资租赁的主要区别在于所有权是否转移以及租赁期限的长短。经营租赁不涉及资产所有权的变更，而融资租赁则实际上将所有权相关的所有风险和收益转由租借方承担。此外，经营租赁的期限通常较短，远低于资产的经济使用年限，而融资租赁的期限可能与资产的预期使用寿命相当。

（三）干租

干租也称为"裸机租赁"，是指出租方（可能包括航空公司、金融机构或租赁企业）仅向租借方（航空公司）提供飞机而不包括飞行机组人员的一种租赁形式。在这种租赁模式中，租借方通常负责飞机的运营控制。换句话说，出租人只提供飞机，不提供任何额外的服务或设备，如机组人员、燃油、润滑油、维修和保险等。干租的租金相对较低，但承租人需要承担更多的运营和维护责任。

在中国，干租航空器应当具备符合国际民用航空组织公约规定的国籍登记。如果在中国进行国籍登记，干租航空器应当具有民用航空局颁发的标准适航证；如果没有在中国注册，干租航空器应当具有其注册国颁发的符合国际民用航空组织公约要求的标准适航证，获得中国民用航空局颁发的外国航空器适航证认可书意味着该航空器已经满足了中国民航局的适航要求，可以在中华人民共和国境内合法飞行。此外，承租人应当承担航空器的适航性和符合 CCAR-121 有关运行要求的责任。

（四）湿租

湿租是一种特殊的飞机租赁方式，出租方除了提供飞机外，还包括机组人员、维护、燃油等运营所需的服务和设备。承租方即航空公司，在支付租金后，获得飞机的使用权，但飞机的所有权仍归出租方所有。这种租赁形式常见于航空公司之间，尤其适用于短期内增加运力或解决临时运营需求的情况。这意味着出租人不仅提供了飞机，还提供了机组人员和其他相关服务。在租赁期间，飞机的标识和编号依旧维持原样。飞行中使用承租人的航班号，湿租一般为期 1 个月至两年；其他与上述例外的情况将被视为专程包机。偶尔，也通过湿租来应对某些政治原因。湿租的租金相对较高，但承租人的运营和维护责任相对较少。

干租和湿租的主要区别在于，干租不提供机组人员和其他相关服务，而湿租提供了这些服务。进一步将两者区分的具体内容可详尽归纳如下。

（1）服务内容：干租仅涉及飞机的融资，湿租则包括飞机融资以及必要的燃油、机组人员和维护服务。

（2）责任划分：干租情况下，租借方需自行配备机组、燃油，并可能需要自行承担维修服务。相比之下，湿租情况下，出租方提供完整的机组人员及相关设施，租借

方只负责飞机的运营使用。

（3）适用场景：干租通常适用于需要灵活调整机队规模及构成的航空公司，而湿租则适用于需要快速补充机队或及时采用最新、最节能的机型的航空公司。

航空器租赁的种类还有很多，如转租赁、杠杆租赁等。不同的租赁种类具有不同的特点和适用场景，需要根据实际情况选择合适的租赁方式。在实际操作中，航空公司普遍通过经营性租赁或融资租赁的途径来获取航空器。

三、程序

不同的租赁方式，其航空器租赁的程序自然也会有所不同。一般航空器租赁的程序大致如下。

（1）租赁意向沟通：出租人和承租人进行初步沟通，了解租赁需求和条件。

（2）确定租赁方式：出租人和承租人根据各自的需求和条件，确定租赁方式，如经营租赁、融资租赁、干租、湿租等。

（3）租赁文件准备：出租人和承租人根据租赁方式，准备相关的租赁文件，如租赁合同、航空器所有权证明、租赁申请书等。

（4）租赁申请提交：承租人向有关部门提交租赁申请，如民航局、金融监管机构等。

（5）租赁审核：有关部门对租赁申请进行审核，确认租赁方式和条件是否符合相关规定。

（6）租赁协议签署：审核通过后，出租人和承租人签署租赁协议，确定租赁关系。

（7）租金支付：根据租赁合同的规定，租借方支付租金给出租方，以换取航空器的使用权。

（8）航空器交付：出租方将飞机移交给租借方，标志着租赁流程的结束。航空器租赁程序涉及多个方面的问题，如租赁方式、租赁文件、租赁申请、租赁审核等。在租赁过程中，出租人和承租人需要密切合作，确保租赁程序的顺利进行。

知识案例 20

案例描述：

　　在民航领域，航空器租赁作为一种常见的经济合作方式，对于航空公司的运营和发展具有重要意义。不同类型的航空器租赁以及相应的租赁程序对于保障双方权益至关重要。本案例将围绕涉及民用航空器租赁种类和程序的实际案例，分析其中出现的问题，并给出相应的法律依据。

　　租赁种类不明确导致权益纠纷：某航空公司与一家租赁公司签订了一份航空器租赁合同，但合同中未明确租赁的种类（如湿租、干租等）。在合同履行过程中，双方对于租赁费用、维护责任等产生了争议。

　　租赁程序不规范引发风险：某航空公司在租赁一架航空器时，未按照规定的程序进行审批和备案，导致在航空器使用过程中出现了法律风险和安全隐患。

请思考并回答：

　　1. 如何避免此类纠纷的发生？

　　2. 为避免类似情况的发生，航空公司和相关监管部门应当如何做？

任务二　掌握航空器租赁的法律要求和规定

　　航空器租赁涉及多个法律要求和规定，以确保租赁活动的合法性和安全性。例如，国内方面的《中华人民共和国民用航空法》中有关民用航空器国籍、权利、适航管理、航空人员、民用机场、空中航行、公共航空运输企业、通用航空等方面的规定；《中华人民共和国民法典》合同编通则，其中对合同的订立、效力、履行、保全、变更和转让、权利义务终止等方面进行了规定；国际方面的《开普敦公约》，对飞机租赁融

资交易中债权人、债务人的权利和义务进行了约定，并设立国际权益登记机构进行监督；《日内瓦公约》对飞机的登记、抵押权设立、优先权等有较为系统的规范；还有《国际融资租赁公约》，确保融资租赁交易双方享有公平的利益等，航空器租赁涉及多个法律要求和规定，双方必须遵守这些规定，确保租赁活动的合法性和安全性。同时，租赁双方也可以通过合同约定等方式来明确各自的权利和义务，降低法律风险。

《中华人民共和国民用航空法》对飞机租赁的法律规定如下。

（1）第二十六条规定，飞机租赁合同，包括融资租赁和其他租赁，必须以书面形式签订。

（2）第二十七条规定，飞机融资租赁是指出租方根据承租方对供应商和飞机的选择，购买飞机后出租给承租方使用，承租方需定期支付租金。

（3）第二十八条规定，在融资租赁期间，出租方拥有飞机的所有权，而承租方则享有飞机的占有、使用和收益权。

（4）第二十九条规定，出租方不得干预承租方合法使用飞机；承租方应妥善保管飞机，保持其原始状态，除非是合理磨损或经出租方同意的改动。

（5）第三十条规定，融资租赁期满后，承租方应将符合第二十九条规定状态的飞机归还出租方，除非承租方根据合同购买飞机或继续租赁。

（6）第三十一条规定，飞机融资租赁中的供应商不对出租方和承租方就同一损害承担双重责任。

（7）第三十二条规定，在出租方同意且不损害第三方利益的情况下，承租方可转让其对飞机的占有权或租赁合同中规定的其他权利。

（8）第三十三条规定，飞机融资租赁和租赁期超过六个月的其他租赁，承租方必须向国务院民用航空主管部门登记其对飞机的占有权；未经登记，不得对第三方产生效力。

知识案例 21

案例描述：

在民航领域，航空器租赁作为一种常见的经济合作模式，受到严格的法律监管。这些法律要求和规定旨在保护租赁双方的权益，确保航空安全，并促进民航业的健康发展。然而，在实际操作中，航空器租赁往往面临各种法律合规性挑战。本案例将围绕涉及航空器租赁法律要求和规定的民航案例，分析其中出现的问题，并给出相应的法律依据。

租赁合同不符合法律要求：某航空公司与一家国际租赁公司签订了一份航空器租赁合同，但合同内容不符合相关国际公约和国内法律的要求，导致在合同履行过程中出现了法律争议。

租赁航空器未取得适航证书：一家租赁公司在向航空公司交付一架航空器时，未能提供该航空器的有效适航证书。这导致航空公司在使用该航空器时面临巨大的安全风险。

请思考并回答：

1. 如何在签订航空器租赁合同时避免租赁合同不符合法律要求而产生争议？

2. 如何解决航空公司在租赁未取得适航证书航空器时所面临的巨大安全风险？

项目二　搜寻救援与事故调查法律规制

任务一　理解

一、搜寻救援的法律义务

搜寻救援是指担负搜寻救援民用航空器任务的组织，如救援协调中心和地区管理局搜寻救援中心，为确保在民用航空器面临紧急状况时，能够迅速并有效地减少可能发生的人员伤亡及财产损害，根据国家相关法律规定，必须采取必要的措施和方法，以提供迅速的搜索和救援服务。

关于搜寻救援的义务，主要有以下几种情况。

（1）目击者救援义务：在许多国家和地区，法律规定目击到紧急情况的人，如交通事故、火灾、溺水等，有义务提供必要的援助和救援，包括拨打紧急电话、进行心肺复苏等。这种义务通常适用于公共场所或私人场所，只要目击者有能力提供帮助。

（2）职业救援义务：对于某些职业，如消防员、医生、警察等，他们通常有更高的救援义务。由于他们接受过专业培训，具备相应的救援能力，因此在紧急情况下，他们有义务提供救援服务。

（3）船舶和航空器的救援义务：对于船舶和航空器的乘员，法律通常规定在紧急情况下有义务协助其他乘员进行疏散和救援。这包括提供必要的设备和指导，确保乘员安全撤离。

必须意识到，搜寻救援的法律要求可能会因地域、法规和文化背景的不同而有所差异。因此，在特定情况下，最好咨询当地的法律专业人士或相关机构，以了解具体的救援义务和责任。同时，在提供救援时，必须首先确保自己的安全，避免造成更大的伤害。

二、搜寻救援的法律程序

当任何机构或个人获悉或接收到民用航空器紧急情况的信息时，应立即向相关区域的管理局搜寻救援协调中心报告；若发现航空器在陆地上失事，还应通知当地政府；若在海上失事，则应同时告知当地的海上搜寻救援机构。地区管理局搜寻救援协调中心收到民用航空器紧急情况的信息后，必须立即作出判断，根据民用航空器所处紧急情况的不同阶段，采取搜寻救援措施，并及时向民航局搜寻救援协调中心以及有关单位报告或者通报。

（一）对情况不明阶段的民用航空器

地区管理局的搜寻救援协调中心应执行以下行动。

（1）依据实际情况，划定搜寻范围。

（2）通知启用相关的航空通信站、导航站、定向站和雷达等设施，以确定该民用航空器的空中位置。

（3）尽快与该民用航空器建立联系，并采取适当的应对措施。

（二）对告警阶段的民用航空器

地区管理局的搜寻救援协调中心应执行以下行动。

（1）立即向相关单位发出警报通知。

（2）要求执行搜寻救援任务的航空器和船舶立即准备执行任务。

（3）监督并检查所有电子设备，继续与不明情况的民用航空器保持联系并进行搜寻。

（4）根据民用航空器受损程度和机长的建议，组织并引导其在最近的机场降落。

（5）与预计降落机场协调，迅速查明预计降落时间后五分钟内未降落的民用航空器的情况，并采取相应措施。

（三）对遇险阶段的民用航空器

地区管理局的搜寻救援协调中心应执行以下行动。

（1）立即向相关单位发出民用航空器危险的通知。

（2）对于燃料耗尽且位置不明的民用航空器，分析其可能的危险区域，并通知搜寻救援单位立即派遣人员或航空器、船舶进行搜寻救援。

（3）对于飞行能力严重受损，需要紧急降落的民用航空器，通知搜寻救援单位派遣航空器护航，或根据预定的紧急降落地点，派遣人员或航空器、船舶前往救援。

（4）对于已经紧急降落或失事的民用航空器，如果位置在陆地上，应立即向省级人民政府报告；如果位置在海上，应立即通知沿海相关省级人民政府的海上搜寻救援机构。

省级人民政府或沿海省级人民政府的海上搜寻救援机构在收到关于民用航空器紧急降落或失事的报告或通知后，应立即采取相应措施。应当立即组织有关方面和当地驻军进行搜寻救援，并指定现场负责人。现场负责人的主要职责如下。

（1）协调救援行动，确保幸存者得到及时救助。

（2）实施措施以防止民用航空器发生火灾或扑灭已发生的火灾。

（3）保护好民用航空器失事现场；为抢救人员或者灭火必须变动现场时，应当进行拍照或者录像。

（4）保护好失事的民用航空器及机上人员的财物。若指定的现场负责人未能及时到场，应由最先抵达现场的救援单位的相关人员临时担任现场负责人，履行前述现场负责人的职责，并在指定的现场负责人到达后，负责进行工作的交接。执行搜寻救援任务的航空器与船舶、遇险待救人员、搜寻救援工作组之间，应当使用无线电进行联络，条件不具备或者无线电联络失效的，应当依照国际通用的搜寻救援的信号进行联络。民用航空器的紧急情况已经不存在或者可以结束搜寻救援工作的，地区管理局搜寻救援协调中心应当按照规定程序及时向有关单位发出解除紧急情况的通知。

知识案例 22

案例描述：

在民航领域，搜寻救援是保障航空安全的重要环节。在民用航空器遭遇事故或紧急状况时，迅速且恰当的搜救措施至关重要，以最大限度地降低人员伤亡和财产损失。本案例将围绕涉及搜寻救援法律义务和程序的民航事故，分析其中出现的问题，并给出相应的法律依据。

未及时启动搜寻救援程序：某航空公司的航班在一次飞行中遭遇机械故障，机组人员未能在第一时间按照规定的程序启动搜寻救援行动，导致部分乘客受伤。

　　搜寻救援协调不畅：在一次航空器失踪事故中，相关搜救部门之间存在协调不畅的问题，搜寻救援行动的迟缓可能降低了救援效率，从而错失了救援的黄金时段。

请思考并回答：

　　1. 机组人员和监管部门应如何解决案例中所描述的问题？

　　2. 如何提升搜寻救援的效率，避免错失救援的黄金时间？

任务二　掌握事故调查的法律原则和程序

一、事故调查的原则

　　（1）独立性原则。事故调查应独立执行，禁止任何单位或个人非法干预或妨碍事故的调查。

　　（2）客观性原则。事故调查应基于事实，以公正、客观、科学的态度进行，避免任何偏见。

　　（3）深度调查原则。事故调查不仅要找出事故的直接原因，还要探究事故发展过程中的所有相关因素，分析其成因，并深入航空器的设计、制造、运营、维护、人员选拔和培训，以及政府和企业的组织管理等环节，以便相关单位和人员能够采取预防措施。

　　（4）全面性原则。事故调查不仅要分析与此次事故直接相关的原因和因素，还要分析那些虽然与本次事故无关但在事故中暴露出来的、可能对飞行安全构成威胁的问题，从而吸取教训，采取更全面的预防措施。

二、事故调查的程序

　　一旦发生飞行事故，事故发生地的民航管理机构必须迅速组织力量赶赴现场，借

助当地政府、驻扎部队及公众的力量，迅速进行人员救援并确保事故现场的安全。

为确保事故调查的准确性，需要采取以下措施。

第一，指派专人负责现场的安保工作，确保现场秩序，严禁无关人员进入，防止盗窃、抢夺和破坏行为。

第二，在调查人员到达现场前，不准任何人接近和移动航空器或者航空器残骸及其散落品。

第三，对于现场所有可能迅速消失的证据，包括物体液体、冰、资料、已坏油箱的剩余油量、飞机碰撞的痕迹、燃烧的飞机等重要证据．应及时拍照、采样、收集，并作书面记录。

第四，幸存的机组人员应保持驾驶舱内的操纵杆、开关、仪表等设备在事故发生后的原始状态，并在救援人员到场前尽可能保护现场。

第五，救援人员到场后，由现场组织单位负责维护现场和驾驶舱的原始状态。

第六，如果现场救援负责人怀疑现场存在放射性物质、易燃易爆物品、腐蚀性液体、有害气体、有害生物制品、有毒物质等，或者接到相关怀疑的报告，应设立专门的警戒区域，注意安全防护，并及时安排专业人员进行确认和处理。

上述工作十分重要，事故调查组织应在上述工作的基础上，按照一定调查程序查明事故发生原因。

事故调查的常规流程如下。

（1）初步调查。初步调查指的是调查团队广泛搜集与事故相关的所有信息的过程。它是事故调查的初始阶段，也是整个事故调查工作的最关键阶段。

（2）整理材料。整理材料就是将基本调查所得到的一切材料进行分类、整理、查证。

（3）原因分析。依据收集的调查资料，进行仔细分析，剔除不实信息，消除疑问，确定事故的直接原因。

（4）结论制定。依据调查结果，明确事故的结论，并指出责任方。

（5）安全建议。针对事故的直接原因及发现的问题，提出预防措施的建议。

知识案例 23

案例描述:

在民用航空领域,事故调查是保障飞行安全、避免类似事故重演的重要步骤。事故调查需要遵循特定的法律原则和程序,以确保调查的公正、透明和有效性。本案例将围绕民航事故调查过程,分析其中涉及的法律原则和程序问题,并提出相应的法律依据。

事故调查程序不规范:在一次民航事故中,事故调查程序存在不规范之处,导致调查进展缓慢,证据收集不全,影响了对事故原因的准确判断。

事故调查报告不公开透明:事故调查报告未能及时向公众公开,导致公众对事故原因和处理结果质疑,影响了民航业的信誉。

请思考并回答:

1. 如何避免案例中所描述的问题?并给出相应的法律依据。

2. 解决此类问题,所依靠的法律依据是什么?并告知具体的解决方法或步骤。

知识拓展

国内外涉及"民用航空器租赁、搜寻救援与事故调查法律规制"的主要法律依据

(一)国内

1.民用航空器租赁

(1)《中华人民共和国民用航空法》:该法明确了民用航空器租赁期间各方的权利和义务,涵盖了出租方的所有权及承租方的占有、使用和收益权等内容。

(2)《中华人民共和国合同法》及其相关司法解释:虽然不直接针对民用航空器租赁,但提供了合同订立、履行、变更和终止等一般规定,对民用航空器租赁合同具有指导意义。

2. 搜寻救援

《中华人民共和国搜寻援救民用航空器规定》：该规定确立了搜寻援救民用航空器的组织架构、职责分配和操作流程，以保障搜寻救援工作的迅速和有效性。

3. 事故调查

《民用航空器事件调查规定》：该规定详细规定了民用航空器事件调查的程序、要求以及调查报告的编制等，提供了事故调查的明确工作指导。

（二）国际

1. 民用航空器租赁

《国际民用航空公约》及其相关附件：虽然公约本身并不直接涉及民用航空器租赁的具体规定，但它为各国制定和执行自己的航空法规提供了框架和指导。

2. 搜寻救援

《国际民用航空公约》附件12：该公约附件规定了各缔约国在民用航空器事故发生后的搜寻与救援行动标准，涉及搜寻与救援区域的确定及救援协调中心的设立等方面。

3. 事故调查

《国际民用航空公约》附件13：该附件向各缔约国提出了航空器事故及事故征兆调查的指导原则和建议，旨在保障调查工作的中立性、客观性和有效性。

此外，还需要注意，随着国际民航领域的不断发展和变化，相关的国际公约和附件也会进行修订和更新。

单元题库

民用航空公共运输与通用航空法律规制

    作为当代交通体系的关键部分，民用航空器在推动经济和社会发展、提升民众生活质量等方面扮演着至关重要的角色。然而，这些活动的安全、高效运行离不开法律的规范和保障。本单元将深入探讨民用航空公共运输与通用航空的法律规制问题，旨在帮助学习者理解相关法律制度，掌握法律原则，以指导实践中的操作。

    在本单元中，我们将首先介绍民用航空公共运输与通用航空的基本概念，明确其法律地位及特点。随后，我们将分析国内外相关法律法规，包括航空安全法、民用航空法、航空运输法等，重点阐述这些法律在规范民用航空器活动中的作用。此外，我们还将探讨法律规制在保障航空安全、维护市场秩序、促进航空业发展等方面的实践应用。

导入案例 6

案例描述：

在民用航空领域，公共运输航空与通用航空的法律规制是确保航空安全和市场秩序的关键。然而，在实际运行中，航空器超员运输和非法通用航空活动等问题时有发生，给航空安全带来严重威胁。本案例将围绕涉及航空器超员运输和非法通用航空活动的民航事件，分析其中涉及的法律问题，并提出相应的法律依据。

航空器超员运输：某航空公司在一次国内航班中，为了追求经济效益，擅自将座位数增加至额定座位数以上，导致航空器超员运行。

未经许可的通用航空运营：指的是一家未获得通用航空业务经营许可的公司，擅自使用民用航空器进行空中游览活动，未遵守相关安全规定，给公众安全带来隐患。

请思考并回答：

1. 航空公司违反了哪些规定？监管部门应对其处以何种处罚？
2. 这家企业违反了哪些规定？监管部门应对其处以何种处罚？

项目一　民用航空公共运输法律规制

任务一　理解公共航空运输的概念、分类和特点

一、概念

　　航空公共运输，亦称商业航空运输，指的是利用航空器开展的、以营利为目的的旅客、行李、邮件或货物的运输服务。从事此类活动的公共航空运输公司是企业法人，其主要业务为使用民用航空器进行旅客和货物的运输，是绝大多数民用航空活动的承担者，如南方航空公司、东方航空公司等。它是中国交通体系的一部分，与铁路、公路、海运以及管道运输一同构成了国家的综合运输网络。

二、分类

　　（1）依据运输的特点和适用法律的差异，航空运输可分为国内和国际两种类型。
　　国内航空运输：指的是根据合同约定，航空运输的始发地、中途停留地以及目的地都位于中国境内的运输活动。
　　国际航空运输：指的是根据合同约定，无论运输是否连续或有无中转，只要运输的起始地、目的地或中途停留地之一位于中国境外的运输活动。
　　（2）根据管理方式及法律规定的不同，民用航空运输可分为定期航空运输和不定期航空运输。
　　定期航空运输，通常称为"定期航班"或"定期飞行"，是指根据公布的时间表进行的、向公众开放并收取费用的航班服务。
　　不定期航空运输，也称作"非/不定期航班"或"非定期飞行"，则是指没有固定飞行时间、不对外公布时间表、但对公众开放并收取费用的航班服务。
　　这四类运输方式在民用航空公共运输中占据了重要地位，为人们提供了广泛的出

行和货物运输选择。

三、特点

（一）商业特性

民用航空公共运输提供的产品是特殊类型的商品——"空间移动"，其产品形式是改变运输对象在空间中的位置，计量单位为"人次公里"和"吨次公里"。该商品属性通过消费者在航空运输市场上的购买行为得以体现。

（二）服务特性

民用航空公共运输行业属于服务业，是第三产业的一部分。它通过提供"空间移动"的数量来衡量服务的多少，同时通过服务方式和态度来体现服务质量。这一特点要求运营商不断增加运力以满足市场对产品需求的增长，并遵循"顾客至上"的原则，为用户提供安全、高效、舒适、准时的优质服务。

（三）国际特性

民用航空公共运输是现代社会最关键的交通方式之一，它连接了国际政治交流和经济合作。这不仅包括友好的国际合作，也包括激烈的国际竞争。在服务、票价、技术协调、经营管理以及法律法规的制定和实施等方面，都受到国际标准和国际航空运输市场的影响。

（四）准军事特性

航空活动最初用于军事目的，然后才逐渐转为民用。因此，许多国家的法律都规定，在和平时期，航空运输企业的飞机和人员为国家经济建设服务，作为军事后备力量。在战争或紧急状态下，民用航空可以依法被国家征用，以满足军事需求。

（五）资本、技术和风险密集性

民用航空公共运输业是一个资本和技术密集型的产业，其运输工具和其他设备成本高昂。因此，其运营成本相对较高。由于技术要求高，设备操作复杂，部门间相互依赖性强，运营过程中的风险相对较大。没有哪个国家的政府或组织有足够的财力像补贴城市公共交通那样补贴本国的航空运输企业。因此，航空运输业在世界各国都被视为必须以盈利为目的、以保持其正常运营和发展的产业。

知识案例 24

案例描述：

　　在民用航空业，公共航空运输业务是以盈利为目标，利用民用飞机提供旅客、行李、货物或邮件的运输服务。伴随着航空市场的持续扩展，公共航空运输的类型也越来越多样化。本案例将围绕涉及公共航空运输概念和分类的争议，分析其中的问题，并依据相关法律依据进行回答。

　　公共航空运输的概念界定：某航空公司推出一项服务，使用小型飞机在特定景点之间提供短途观光飞行。乘客不仅可以欣赏风景，还可以在飞行中享用美食和饮料。关于这项服务是否属于公共航空运输的范畴存在争议。

　　公共航空运输的分类争议：一家航空公司在推广其国际航班时，声称其提供的服务属于"包机运输"。然而，有乘客质疑该航班并非完全由单一团体包租，而是向公众开放售票。因此，关于该航班是否属于包机运输存在争议。

请思考并回答：

　　1. 为何该航空公司推出的服务被认定属于公共航空运输的范畴？

　　2. 该航班是否属于包机运输？为什么？

任务二　掌握公共航空运输的法规和要求

　　规范公共航空运输的法律体系主要涵盖《中华人民共和国民用航空法》及其配套的行政法规与部门规章。《中华人民共和国民用航空法》确立了民用航空领域的基本法律构架，包括公共航空运输的定义、许可和运营规定，航空安全标准和措施，旅客和货物权益保障等内容。此外，国务院民用航空主管部门也会根据该法制定一系列行

政法规和部门规章，对公共航空运输的具体方面进行详细规定，例如《公共航空运输旅客服务管理规定》和《公共航空运输企业航空安全保卫规则》。

公共航空运输领域的法规与要求主要涉及以下几个关键点。

（1）许可制度：欲从事公共航空运输业务的企业需获得相应的经营许可证，这需要企业满足包括但不限于以下条件：拥有合乎国家安全标准规定的民用航空器、配备有合法执照的航空人员，以及达到国务院设定的注册资本最低标准等。

（2）安全规范：公共航空运输企业必须遵循国家有关航空运输安全的法律法规，制订并提交航空安全保卫计划至国务院民用航空主管部门进行备案。它们不得运输法律、行政法规规定的禁运物品，且必须保证飞行安全和航班正常，提供良好服务。

（3）消费者权益保护：公共航空运输企业在客票销售、客票变更和退票等环节需要保护消费者的合法权益，如提供主要服务信息告知、运输总条件告知等，并确保退款期限等规定。

（4）行李运输：公共航空运输企业需要建立托运行李监控制度，避免行李在运输过程中出现延误、损坏或遗失的情况，并规定了行李运输的具体要求，这包括对行李的尺寸、质量和件数的限制等。

（5）国际协作：在处理涉及多个国家的航空运输业务时，公共航空运输企业需要遵守相关的国际法律、公约和规定，确保国际航班的正常运行和服务质量。

这些法规和要求旨在确保公共航空运输的安全、高效和便捷，同时保护消费者的权益。公共航空运输企业必须严格遵守这些规定，以确保其服务的质量和安全。

知识案例 25

案例描述：

　　公共航空运输作为民航业的重要组成部分，受到严格的法规与要求的监管，以确保航空安全和服务质量。本案例将围绕涉及公共航空运输法规与要求的实际事件，提出了两个关键问题，请对这些问题进行分析和回答，同时指明相应的法律依据。

　　违规超售问题：某航空公司在一次国内航班中，因超售机票导致部分旅客在航班起飞前未能成行。这些旅客在机场等待数小时后，才被安排搭乘后续航班。关于航空公司的超售行为及其对旅客权益的影响，存在争议。

　　安全规定执行不到位：在一次国际航班中，安全检查人员发现部分旅客携带了违禁品。这些违禁品在通过安检时未被检测出，导致它们被带上飞机。此事引发了公众对航空安全规定执行情况的质疑。

请思考并回答：

　　1.航空公司的超售行为违反了何种法规要求？如何解决？

　　2.处理旅客携带违禁品的法律依据是什么？如何避免此类纰漏再次发生？

项目二 通用航空法律规制

任务一 了解通用航空的定义、特点和分类

一、定义

根据中国民航法规，通用航空被定义为：涉及非商业公共航空运输的民用航空活动，涵盖工业、农业、林业、渔业、建筑业的作业飞行，以及医疗、紧急救援、气象探测、海洋监测、科研实验、教育培训、文体活动等飞行任务。

国际民用航空组织（ICAO）对通用航空的定义是：除了定期航班和有偿或租赁的非常规航空运输之外的所有民用航空活动。

目前，中国使用的通用航空概念排除了军事、警务、海关缉私和商业公共航空运输飞行，包括工业、农业、林业、渔业、矿业、建筑业的作业飞行，以及医疗、应急救援、气象观测、海洋监测、科研、教育、文体、旅游等飞行活动。

二、特点

不论定义如何，通用航空的核心目的不在于定期地将人员或物资通过固定航线从一地运输到另一地，而是指除公共航空运输以外的一切民用航空活动，且通用航空应用的范围十分广泛，一般来说都在一国范围内活动。总的来说，可以概括为以下几个要点。

（一）灵活机动、迅速高效

通用航空能够迅速响应各种需求，无论是工业、农业、林业等作业飞行，还是医疗卫生、抢险救灾等飞行活动，都能够及时、有效地进行。这种机动灵活、快速高效的特点使得通用航空在应对突发事件、提供紧急服务等方面具有显著优势。

（二）涉及面广，用途多元

通用航空跨越了众多行业与领域，如工业航空、农业航空、航空科研与探险、飞行培训、航空体育、商务航空以及私人飞行等。这些应用不仅提升了作业效率，还产生了显著的经济价值。

（三）依赖于现代化的通用航空基础支撑体系

通用航空的发展离不开现代化的基础设施和技术支持。例如，构建高效的通信指挥和空中监视系统对于低空区域的管理、运行和服务保障至关重要。同时，政策和法规的支持对于通用航空业的发展也是不可或缺的，像《促进通用航空业发展的若干意见》就为低空空域的进一步开发提供了清晰的指导。

（四）规模持续增长，市场潜力巨大

近期，我国通用航空业呈现快速增长的趋势，通用飞机的数量显著增加。据预测，未来几年内，通用航空飞机的数量将以年均 30% 的速度增长。预计到 2027 年，我国在通用航空装备的供应和产业创新方面的能力将得到显著增强，基本构建起现代化的通用航空基础支撑体系。到 2030 年，我国将在航空应急救援、物流配送等领域实现规模化应用，形成万亿级规模的通用航空产业市场。

总而言之，通用航空的特点主要体现在其灵活性、广泛的应用领域以及快速的发展速度上。得益于技术革新和政策助推，通用航空业的未来发展潜力巨大。

三、分类

根据飞行任务的不同，通用航空可划分为公共服务型、经济发展型和消费娱乐型三大类。社会公共服务类包括为社会提供紧急服务、救援、安全保障等公共利益服务的紧急医疗、灾害监测与救援、森林火灾预防与扑救、空中巡逻和执法等航空活动。经济建设类则主要涉及那些直接或间接支持国家经济建设和产业发展的航空测绘与地理信息收集、航空物探、农业航空服务等航空活动。航空消费类则是指以满足个人或企业消费需求为目的的私人飞行、空中游览、航空运动、航空摄影与电影制作等的航空活动。

依据活动性质的划分，通用航空可分为商务航空、私人航空、飞行培训和空中作业这四个主要类别。商务航空主要包括以商务活动为主的出租、包租、职业飞行等活动；私人航空则是指私人休闲飞行和私人飞机拥有者的活动；飞行培训则包括飞行员的培训、训练等活动；空中作业则包括航空摄影、空中广告、海洋监测、渔业飞行、气象探测、科学实验、城市消防、空中巡察等作业飞行。

依据《通用航空经营许可管理规定》，通用航空的经营活动可划分为三大类别，涵盖多个具体项目，如陆上和海上石油作业、直升机外挂载荷飞行、人工增雨、空中医疗救援、航空地质勘探、空中游览、商务飞行、私人或商业飞行驾照培训、直升机领航服务、航空器管理、飞行租赁、通用航空包机等。

综上所述，通用航空的分类可以根据不同的标准进行划分，包括飞行目的和活动类别等。其经营范围广泛，涉及工业、农业、林业、渔业、矿业、建筑业等多个领域，为社会经济发展提供了重要的支持和服务。

知识案例 26

案例描述：

通用航空在民航领域占据着重要地位，其定义、特点和分类对于理解该领域的发展和应用至关重要。本案例围绕涉及通用航空定义、特点和分类的争议案例，提出了关键问题，请对这些问题进行分析并回答，同时提供相关的法律依据。

通用航空定义的争议：某地方政府计划建设一个航空产业园，旨在促进通用航空产业的发展。然而，在产业园的规划阶段，对于通用航空的定义存在争议。一种观点认为，通用航空仅包括私人飞行、飞行培训等非商业性活动；另一种观点认为，通用航空还应包括商业性质的航空作业，如航空摄影、货物运输等。

通用航空特点的讨论：随着航空技术的进步，越来越多的企业和个人开始涉足通用航空领域。然而，对于通用航空的特点，人们意见不一。有人认为通用航空具有灵活性高、适应性强等特点；也有人认为通用航空存在安全风险高、管理难度大等问题。

> **请思考并回答：**
>
> 　　1. 如何理解通用航空定义的争议？
>
> 　　2. 如何看待通用航空的优势与挑战？

任务二　掌握通用航空的法规和政策

一、法规

通用航空领域的法律和规章主要涉及国内法和国际法两个层面。

（一）国内法

在国内法方面，我国针对通用航空制定了一系列的法律法规和政策。

在法律层面，仅有一项专门法律，即《中华人民共和国民用航空法》，它为通用航空奠定了法律基础，其中明确了开展通用航空活动所需满足的条件，如具备适应活动需求且符合安全标准的民用航空器，以及拥有合法执照的航空人员等。

另一项关键的行政法规是《中华人民共和国飞行基本规则》，它为在中国境内拥有航空器的单位、个人以及飞行相关人员和活动规定了必须遵循的基本准则，也是通用航空政策和管理的法律基础。

行政法规中还包括原来的《国务院关于通用航空管理的暂行规定》，它首次将"专业航空"改称为"通用航空"，阐明了通用航空的管理机构、审批流程、经营活动审批管理等。还有《通用航空飞行管制条例》，它规范了通用航空飞行活动的管理，包括飞行计划的申请流程和时限，以及特定飞行活动的审批要求。

在民航规章方面，涉及通用航空的规章超过 30 部，主要涵盖经济管理和运行安全等方面。例如，《通用航空经营许可管理规定》明确了通用航空企业的设立条件、经营项目、申报要求和审批流程。原来的《非经营性通用航空登记管理规定》则规范了非经营性通用航空活动的登记流程，包括条件、内容、文件要求等。此外，还有关于外商投资民航业和航空器驾驶员培训学校、飞行训练中心、维修单位的合格审定规定。

此外，国务院出台了《关于促进通用航空业发展的指导意见》，明确了通用航空业发展的总体要求、主要任务和保障措施。地方政府也根据实际情况，出台了相关政策以促进通用航空的发展。

（二）国际法

在国际层面，通用航空活动须遵循国际民用航空组织（ICAO）制定的国际标准和建议措施（SARPs）。这些标准和建议措施涉及飞行安全、航空保安、空中交通管理、航空器运行等多个方面，为各国开展通用航空活动提供了国际统一的规范和标准。

值得注意的是，《国际民用航空公约》并未专门针对通用航空制定相关规定，因此，在实际操作中，各国通常会根据本国国情和行业发展情况，制定相应的国内法律法规来规范通用航空领域。例如，美国联邦航空管理局（FAA）负责监管美国的通用航空事务，而中国的通用航空则受中国民用航空局（CAAC）监管。

总之，通用航空的法规旨在保障通用航空活动的安全、有序和可持续发展，促进通用航空业的发展和经济社会的繁荣。通用航空从业者需要遵守相关法规，确保通用航空活动的合法性和规范性。

二、政策

通用航空行业的政策发展历程可以从 2010 年开始说起，当时，中国开始实施低空空域管理政策，这一政策对于我国通用航空业的发展具有决定性的影响。随着行业的不断发展，政策也在不断优化和调整，以适应行业的快速发展。例如，2019 年签署了《中华人民共和国政府与欧洲联盟民用航空安全协定》及其附件《适航和环保审定》，标志着中欧在航空安全领域的合作迈入了新的里程碑。

为了促进通用航空的发展，我国政府和相关部门制定了一系列具体的政策，简要概如下。

（1）财政补贴和税收优惠：政府为通用航空企业提供财政补贴，以降低运营成本，此外，通过提供税收减免等激励措施，激励企业增加投资，推动技术革新和市场扩张。

（2）降低市场准入限制：政府减少了通用航空企业的审批流程，减少了进入市场的难度，吸引更多的社会资本进入通用航空领域，推动市场竞争和企业发展。

（3）提升基础设施：政府增强了对通用航空领域基础设施的投资力度，包括建设通用机场、完善航空器起降点等，以提高通用航空的可达性和便利性。

（4）人才培养和科研支持：政府鼓励和支持高校和研究机构开展通用航空相关的人才培养和科学研究，为通用航空领域的长远发展提供必要的人才储备和技术创新。

（5）促进行业整合：政府主动促进通用航空业与其他行业的协同发展，如旅游、体育、应急救援等，以拓展通用航空的应用场景和市场需求，提高产业的整体效益。

（6）国际协作与对话：我国政府强化与国际机构及他国的协作，参与国际规范和准则的制定，促进通用航空领域的国际互动与协作，以此支持我国通用航空业的全球拓展。

这些措施的执行，为我国通用航空业的成长提供了坚实的支撑与保障，有利于加速我国通用航空业的繁荣进步。未来，通用航空法规和政策的发展将深入研究低空经济的发展规律，对以往的通航、无人机等法律规章进行重新认识、梳理，深入研究低空安全监管体系和能力建设、飞行服务保障体系建设、如何形成低空经济发展合力等新兴领域中相关政策法规体系的构建与完善。

知识案例 27

案例描述：

随着通用航空的快速发展，相关法规与政策的制定和执行变得尤为重要。本案例将围绕涉及通用航空法规和政策执行的问题，提出两个关键问题，请对这些问题进行分析回答，同时指明相应的法律依据。

违规飞行活动：某通用航空公司在未取得相关许可的情况下，擅自组织了一次商业性质的飞行活动。该活动涉及多个城市的空中游览项目，吸引了大量乘客参与。然而，由于未遵守通用航空法规中关于飞行许可的规定，该活动被民航管理部门发现并制止。

安全监管漏洞：在一次通用航空器的事故调查中，发现部分通用航空器存在安全隐患，而相关监管部门在日常安全监管中未能及时发现和处理这些问题。这一事件引发了公众对通用航空安全监管效果的质疑。

请思考并回答：

　　1. 该案例中违反通用航空法规的具体行为有哪些？如何处罚？

　　2. 解决和处理此类问题的法律依据有哪些？如何改进？

知识拓展

国内外涉及"民用航空公共运输与通用航空法律规制"的主要法律依据

（一）国内

　　1. 民用航空公共运输

　　（1）《中华人民共和国民用航空法》：此法为民用航空活动提供了基本的法律框架，其中包含了关于公共航空运输的诸多规定，如航空器的运营、航空运输合同、承运人的责任等。

　　（2）《公共航空运输旅客服务管理规定》：这是一部专门针对公共航空运输旅客服务的法规，详细规定了旅客的权利与义务、航空公司的服务标准等。

　　（3）《国内航空运输承运人赔偿责任限额规定》：该规定明确了国内航空运输中承运人对旅客、行李和货物的赔偿责任限额。

　　2. 通用航空法律规制

　　（1）《通用航空飞行管制条例》：这是一部关于通用航空飞行管制的军事行政法规，规定了通用航空飞行的申请、批准、管理等相关事宜。

　　（2）《民用无人驾驶航空器经营性飞行活动管理办法（暂行）》：随着无人机技术的快速发展，这一管理办法对无人机的经营性飞行活动进行了规范。

（二）国际

　　1. 民用航空公共运输

　　（1）《国际民用航空公约》（芝加哥公约）：作为国际民航领域的基础性公约，它为各国间的航空运输合作提供了框架，并规定了公共航空运输的一些基本原则。

　　（2）《蒙特利尔公约》：《蒙特利尔公约》的正式名称是《统一国际航空运输某些规则的公约》，目的在于确保国际航空运输消费者的利益，对在国际航空运输中旅客的人身伤亡或行李损失，或者运输货物的损失，在恢复性赔偿原则基础上建立公平赔偿的规范体系。

2. 通用航空法律规制

在国际层面，关于通用航空的具体法律规制可能较为分散，涉及多个国际组织和条约。通常，这些国际法律文件会关注通用航空的安全标准、飞行规则以及与其他国家间的协调与合作等方面的内容。

请注意，由于民航法是一个不断发展的领域，新的法律文件和修订会不断出现。

单元题库

>>> >>> 单元七

民用机场、人员及运输企业法律规制

　　民用航空作为现代交通运输的重要组成部分，在推动经济全球化、促进国际交往、服务社会公众等方面发挥着不可替代的作用。但是，民用航空业的进步同样伴随着众多潜在风险和挑战。这就需要对民用机场、从业人员以及运输企业实施严格的法律规制，确保航空安全和服务质量。

　　本单元将深入探讨民用机场的法律地位与运营规则，分析机场管理机构在安全管理、环境保护、应急救援等方面的法律责任。同时，我们还将关注民航从业人员的资质管理、职业行为规范以及违法行为的法律后果。此外，对运输企业的法律规制也是本单元的重要内容，包括运输企业的设立条件、经营许可、安全管理以及消费者权益保护等方面的法律规定。

导入案例 7

案例描述：

> 某年某月某日，某国际机场发生了一起严重的安全事故。在跑道上，一架即将起飞的商用飞机与一架刚刚完成降落的货运飞机相撞。事故导致两架飞机均受到严重损坏，幸运的是，没有造成人员伤亡。事故发生后，相关机构迅速启动了调查程序。

请思考并回答：

> 1. 在这起事故中，可能涉及哪些法律责任？
>
> 2. 机场管理机构在法律上的责任应当如何履行？
>
> 3. 如何确保类似事故不再发生？

项目一　民用机场法律规制

任务一　了解民用机场的定义、分类及法律地位

一、定义

根据《中华人民共和国民用航空法》的规定，"民用机场"被定义为一个专门设定的区域，供民用航空器进行起飞、降落、滑行、停放以及其他相关活动，并包括相关的建筑物、设施和装置。

而《国际民用航空公约》附件14对机场的定义则是指一块在陆地或水面上划定的区域（包括所有建筑物、设施和设备），无论是全部还是部分，都是为了飞机的降落、起飞和地面活动而准备的。所谓划定区域，通常是指飞行区、净空障碍物限制面所要求的尺寸和坡度等形成的面积和空间，此外还包括旅客候机楼、目视助航系统、通信导航、气象、空中交通管理等各种设施和其他建筑物，这些设施、建筑物是机场正常运营及保证飞行安全的基础设施。ICAO关于机场的定义是：机场（或飞机场，二者几乎是同义词，尽管飞机场在属性含义方面使用更多）是在陆地或水面限定供飞机抵达、始发和进行表面活动的区域。

民用机场是实施民用航空运输活动的关键场地。它不仅提供旅客候机或转乘飞机的候机楼、上下飞机的服务设施，而且提供飞机起飞、降落必需的跑道、机坪等一系列保障设施。

二、分类

根据其功能和用途，机场一般被分为军用机场、民用机场以及军民两用机场。之所以有军用机场和民用机场的区分，是因为它们的法律地位不同，管辖及其适用的规则不同。在航空法的语境下，机场通常是指民用机场。而民用机场可以根据多种不同的标准进行分类。

（一）国际对民用机场的分类

（1）按照机场可以接纳的机型，可以分为直升机场、短距起降机场和常规机场。

（2）基于机场的运营性质，它们可以被归类为公共机场和私人机场。公共机场是向公众开放的机场，它是为旅客、货运和商业飞机服务的机场；而私人机场则主要是指为属于私人的小型飞机、飞行俱乐部等服务的机场。

（3）依据机场的经营范围，它们可以划分为国际性机场、国内性机场和地区性机场。国际性机场是指定给国际航班进出的机场，通常需要处理海关、移民、卫生防疫、动植物检疫等程序，在国际航线上首次到达和最后出发的国际性机场也被称作枢纽机场；国内性机场仅服务于国内航线；地区性机场则主要是服务于短途地区性航线的中小型城市机场，通常被视为国内性机场。。

（4）按照机场在整个机场网络中所处的地位和所起的作用，可以分为轴心机场和辐条机场。

（二）国内对民用机场的分类

（1）在中国，民用机场被归类为国际性机场和国内性机场。国际性机场是指向国际民用航空组织登记并对外开放，可以接受外国航空器起降或备降的机场。我国的国际性机场进一步可划分为定期国际航班机场（包括国家枢纽机场）、定期国际航班的备降机场、不定期国际航班机场、不定期国际飞行的备降机场以及国际通用航空机场（目前我国尚未设立此类机场）。而国内性机场则是指除国际性机场之外的所有其他机场，包括香港、澳门及台湾地区航线机场、国内航空干线机场和国内航空支线机场及国内通用航空机场。

（2）根据机场所承载的航线类型和规模大小，我国民用机场通常被划分为三个类别。第一类别是那些航线网络覆盖国内外且航班频繁的大型中心机场，例如北京首都国际机场、上海浦东国际机场、广州白云国际机场、香港国际机场、澳门国际机场等，它们构成了中国主要的国际航空枢纽。第二类别是国内航线占主导地位、航空运输量相对集中的主要干线机场，这些机场一般位于直辖市、省会城市、自治区首府以及重要的工业、旅游、经济开放城市。第三类别则是服务于地方航线或支线网络的机场，这些机场多位于交通不够发达的省、自治区，通常规模较小，等级也相对较低。

（3）按照《《运输机场使用许可规定》（以下简称《许可规定》）规定，民用机场涵盖了民用运输机场、通用航空机场以及军民两用机场中的民用部分。民用运输机场是指既可用于公共航空运输也可用于通用航空活动的机场；而通用航空机场则是指专门用于通用航空活动的民用机场。

依据机场所接待的客货航班类型，机场可被归类为国际性机场、航线机场、通用航空机场等。在一些西方国家，也存在私人拥有的机场。

三、内容

在法律层面，民用机场占据着关键的位置。它作为公共设施，肩负着向社会提供航空运输服务的使命。根据相关法律法规，民用机场的经营管理权通常由机场管理机构行使，而这些机构通常是由政府或政府授权的机构负责运营和管理的。

在民用机场的运营过程中，必须遵守国家相关的法律、法规和政策，确保航空运输的安全、有序和高效。同时，民用机场也是国家安全的重要组成部分，必须严格遵守国家的安全保卫规定，确保航空器的安全和旅客的人身安全。

此外，民用机场对于经济和社会发展也具有深远的影响。它是地区经济发展和对外开放的重要窗口和平台，对于促进地方经济和社会发展、提高城市形象和竞争力具有重要作用。

因此，民用机场在法律上具有重要的地位，必须受到充分的重视和保护。政府和相关部门需要加强对民用机场的监督和管理，确保其安全、有序、高效运营，为经济社会发展做出更大的贡献。

知识案例 28

案例描述：

某大型国际机场近年来持续发生多起航班延误事件，导致大量旅客滞留，引发了社会的广泛关注。经调查，这些延误事件的主要原因是机场管理机构未能有效应对天气变化、设备故障等突发情况，同时，还缺少与航空公司之间的有效沟通渠道。

请思考并回答：

1. 民用机场管理机构在航班延误时应承担哪些法律责任？

2. 如何评价机场管理机构在处理航班延误时的行为？

3. 针对此类问题，应如何完善民用机场的法律规制？

任务二 掌握民用机场建设和运营的法律要求

一、民用机场建设的法律要求

（1）规划与建设许可制度：民用机场的建设需要符合全国民用机场布局规划，并且需要经过相关部门的审批和许可。中国民用航空局负责全国范围内民用机场及相关空管工程规划与建设的监督管理工作。而民航地区管理局则负责各自辖区内民用机场及空管工程规划与建设的监督管理。

（2）建设程序与标准制度：民用机场的建设需要遵循一定的建设程序和技术标准，涵盖了新机场的选址、预可行性调研、可行性分析、初步设计、施工图设计、建设执行和完工验收等环节。此外，还须遵循相关国家和行业的建设法规与技术规范。

（3）环境保护与土地管理制度：在民用机场建设过程中，需要遵守环境保护和土地管理的相关法律法规，保障建设过程不会对生态环境产生负面效应，并有效地使用土地资源。

（4）安全与保卫制度：民用机场的建设需要遵守国家的安全保卫规定，确保机场设施的安全性和提高防范恐怖袭击等安全事件的能力。

（5）资金保障与监管制度：民用机场的建设需要得到足够的资金支持，并需要建立相应的资金监管机制，确保建设资金的合理使用和管理。

总之，民用机场建设的法律制度涉及多个方面，旨在确保机场建设的安全、有序、高效和可持续发展。这些制度对于保障民用机场的建设质量和运行安全，促进民航事业的健康发展具有重要意义。

二、民用机场运营的法律要求

（1）安全标准：确保旅客和货物的安全是民用机场运行的最基本和最重要的任务。机场必须构建完善的安全运行管理体系、组织架构和规章制度，并须有相应的安全设备和专业人员。

（2）航空管理要求：民用机场需要具备符合国际标准的综合服务能力，包括航空安全、航班运营、地面服务、企业管理等。机场应按照国家相关标准和要求，设立适当数量的航班起降区，为航空公司提供良好的停机位和机场设施。

（3）服务质量管理要求：民用机场应提供安全便捷的登机、乘降、行李、清关等服务，保障旅客和货物的通畅进出。机场还需要建立健全服务监督机制，接受行业监管部门和公众的监督，并及时处理投诉和意见。

（4）应急管理要求：民用机场需要制定并执行航空安全管理制度，加强安全设施建设和飞行秩序的维护。机场还需实施安全教育和紧急响应演习，增强员工的安全认知和紧急情况处理技能。在面临紧急情况时，机场应具备相应的紧急计划及必需的设施与设备。

（5）许可与监管要求：民用机场的投入使用需要经过相关部门的许可，并接受持续的监管。例如，在中国，民用机场的投入使用需要取得运输机场使用许可，并接受中国民用航空局的行业管理。

这些法律要求旨在确保民用机场的安全、高效和有序运营，保障旅客和货物的权益，促进民航事业的健康发展。同时，民用机场还需要遵守其他相关的法律、法规和政策，如环境保护、土地管理、消防安全等相关法律、法规和政策。

知识案例 29

案例描述：

近年来，随着航空业的快速发展，某地区决定新建一个民用机场以满足日益增长的航空需求。然而，在机场建设和运营过程中，发生了一系列争议和纠纷。其中包括环境保护问题、土地征收问题以及机场运营过程中的安全管理问题等。

请思考并回答：

1. 在民用机场建设和运营过程中，应如何平衡经济效益与环境保护？

2. 如何处理因机场建设导致的土地征收问题？

3. 民用机场在运营过程中应如何确保安全管理？

项目二 民用航空人员法律规制

任务一 了解民用航空人员的分类和职责

一、分类

民用航空从业者包括参与民用航空活动的机组人员和地面工作人员。具体来说，机组人员涵盖了飞行员、导航员、飞行机械师、飞行通信师、客舱服务员，而地面工作人员则包括民用航空器维护人员、空中交通管制员、飞行调度员、航空通信操作员。

二、职责

空勤人员是执行航空客货运输任务的飞机上的人员，也称为机组。他们的工作职责主要包括以下几个方面。

（1）确保飞行安全：空勤人员，包括飞行人员和乘务人员，负责在飞行过程中保障飞机的飞行安全和旅客的安全。他们需要严格遵守飞行安全规定，确保飞机在起飞、巡航和着陆等各个阶段的安全。

（2）客舱服务供应：乘务员的职责是确保旅客享有一个温馨且安全的客舱体验，包括协助旅客登机、安排座位、提供餐饮和娱乐服务、处理旅客的需求和问题等。

（3）紧急响应：在紧急状况发生时，机组人员必须立即执行恰当的应对措施，以确保乘客和航空器的安全。他们需要进行应急演练和培训，熟悉应急程序和设备，确保在紧急情况下能够迅速、准确地应对。

（4）维护飞机设备：空勤人员需要定期检查和维护飞机上的设备，确保其正常运行。他们需要对飞机进行清洁、消毒等工作，保持飞机的整洁和卫生。

（5）配合地面工作：在航班起飞前和降落后，空勤人员需要与地面工作人员密切配合，完成航班的各项准备工作和后续工作。

总之，空勤人员的工作职责是确保飞行安全、提供客舱服务、应急处理、维护飞机设备和配合地面工作等。他们需要具备高度的责任心、专业技能和团队协作能力，为旅客提供安全、舒适、便捷的航空旅行体验。

知识案例 30

案例描述：

在某航空公司的一次国际航班中，由于机组人员的失误，导致飞机起飞延误，给旅客带来了不便。事后调查发现，该失误是由于机组人员之间职责不明确、沟通不畅造成的。这一事件引起了公众对民用航空人员分类和职责的广泛关注。

请思考并回答：

1. 民用航空人员主要分为哪些类别？各有什么职责？

2. 如何确保机组人员之间的沟通畅通，避免类似事件的发生？

3. 对于机组人员的失误，应如何追究法律责任？

任务二　掌握民用航空人员的资格要求和培训规定

一、民用航空人员的资格要求

民用航空人员的资格要求非常严格，因为他们的职责直接关系到飞行安全和乘客的生命安全。以下是一些常见的民用航空人员的资格要求。

（一）飞行员

（1）年龄：通常要求在 18 至 60 岁之间。

（2）学历：大多数航空公司要求飞行员至少具备高中或高中以上学历。

（3）培训与经验：飞行员需要完成大量的飞行培训，并获得相应的飞行执照和等级。他们还需要积累一定的飞行小时数和经验。

（4）身体条件：飞行员需要通过严格的身体检查，确保他们具备在各种天气和飞行条件下的身体适应能力。

（5）心理品质：飞行员需要具备良好的心理素质和决策能力，以应对飞行过程中的各种突发情况。

（二）乘务员（空乘人员）

（1）年龄限制：一般需满足 18 至 35 岁的年龄条件。

（2）学历：大多数航空公司要求乘务员至少具备高中、大专或本科及以上学历。

（3）外貌与身高：乘务员需要具备良好的外貌形象和身高要求，以满足航空公司的形象和服务标准。

（4）培训与经验：乘务员需要完成相应的培训课程，并获得相应的资格证书。他们还需要积累一定的服务经验和应急处理能力。

（5）健康标准：客舱服务员必须通过体检，证明其适应高空工作条件。

（6）语言能力：乘务员需要具备良好的语言表达能力，以便与乘客进行沟通和交流。

（三）民用航空器维修人员

（1）教育背景：维修人员通常需要具备航空工程、机械工程、电子工程或相关专业的大专及以上学历。

（2）执照与认证：维修人员需要获得相应的维修执照和认证，如中国民航局颁发的 CCAR-66 部执照。这些执照和认证要求维修人员通过一系列的理论和实际操作考试。

（3）经验与培训：维修人员需要积累一定的工作经验，并定期接受培训，以确保他们熟悉最新的维修技术和操作规范。

（4）身体条件：维修人员需要具备良好的身体条件，以适应高强度和高压力的工作环境。

（5）安全意识：维修人员需要时刻保持高度的安全意识，严格遵守维修安全规范，确保飞机维修过程中的安全。

（四）空中交通管制员

（1）教育背景：空中交通管制员通常需要具备航空、交通管理或相关专业的大专或以上学历。

（2）培训与认证：空中交通管制员需要接受严格的培训，并获得相应的资格证书。这些培训包括理论学习、模拟操作和实际操作等多个阶段。

（3）心理素质：空中交通管制员需要具备良好的心理素质和决策能力，能够在高压环境下迅速、准确地作出决策。

（4）语言能力：空中交通管制员需要具备良好的英语和普通话水平，以确保与飞行员和其他管制员的有效沟通。

（5）身体条件：空中交通管制员需要具备良好的身体条件，以适应高强度和高压力的工作环境。

二、民用航空人员的培训规定

飞行通信员、飞行机械人员、空中交通管制员和飞行签派员的培训规定因国家和地区而异，以下是一般性的概述。

（一）飞行通信员

飞行通信员负责飞机上的通信设备的操作和维护。他们的培训通常包括通信原理、无线电通信、导航设备的使用和维护等方面。飞行通信员需要熟悉各种通信设备的操作，能够迅速准确地处理通信故障。

（二）飞行机械人员

飞行机械人员负责飞机的机械维护和检修。他们的培训涵盖了飞机机械原理、发动机维护、机械部件的检修和更换等方面。飞行机械人员需要熟悉飞机的各个系统和部件，能够迅速诊断并修复故障，确保飞机的机械性能良好。

（三）空中交通管制员

空中交通管制员的培训涵盖了航空气象学、航空法规、飞行程序、空中交通管理系统的操作等方面。他们需要熟悉航空器的飞行规则和程序，能够监控空中交通情况，指挥航空器安全有序地飞行。空中交通管制员的培训还包括应急处理能力的培养，以

应对突发的航空事件。

（四）飞行签派员

飞行签派员的职责是规划、协调和执行航班任务。他们的培训涉及飞行计划制定、飞行安全评估、航班调度等方面。飞行签派员需要熟悉航空器的性能、航线和天气情况，确保航班的安全和准时。不仅如此，他们还必须熟悉相关的航空法律和规章，以保障航班的合法运行。

以上培训规定只是一般性的概述，具体的培训内容和要求可能因国家和地区而异。在实际操作中，各个岗位的培训都需遵循相应的国际或国内标准和规定，以确保人员的专业素质和技能水平达到要求。

知识案例 31

案例描述：

近期，某航空公司发生了一起飞行员操作失误导致航班紧急迫降的事件。事后调查发现，该飞行员虽然持有有效的飞行执照，但并未按照规定的培训周期接受必要的复训。这一事件引发了公众对民用航空人员资格要求和培训规定的关注。

请思考并回答：

1. 民用航空人员的资格要求包括哪些内容？

2. 培训规定对民用航空人员有哪些具体要求？

3. 如何确保民用航空人员遵守资格要求和培训规定？

项目三　民用航空运输企业法律规制

任务一　了解民用航空运输企业的定义、分类及设立条件

一、定义

　　民用航空运输指的是利用航空器进行人员、货物、邮件等的运输活动，可投入运输的航空器包括载人气球、飞艇、飞机和直升机等。在现代航空运输中，飞机是主要使用的航空器，直升机则作为补充。航空运输是当代的运输手段之一，民用航空运输业属于物质生产领域，划归第三产业。它与铁路、公路、水路和管道运输并列，构成五大主要运输模式，共同构建了整个运输体系。民用航空运输业既是物质生产部门，又是面向社会的服务性行业。鉴于民用航空运输不仅在经济发展上扮演着关键角色，同时在政治和军事领域也具有深远的影响，因而民用航空运输是一种特殊的商业活动，国家必须在宏观上对民用航空运输实施统一管理。

二、分类

（一）基于运输特征和适用法律的差异，民用航空运输可分为国内航空运输和国际航空运输

　　国内航空运输严格遵循国内法律。而国际航空运输除了要遵守国内法律的相关条款，还需遵循国际法律的相关条款。在中国，如果国际法与国内法规定不一致，可以优先适用中国签订或参与的国际条约规定；在没有国内法律和国际条约规定的情况下，可以参照国际惯例。国内航空运输和国际航空运输在公法和私法上划分的标准是不一致的，其意义也就不同。在公共法律领域，依据《国际民用航空公约》的规定，国际航空运输定义为"穿越一个以上国家领空的航班"所进行的运输活动。因此，所有飞

行活动如完全在中国境内进行，则被定义为国内航空运输。在私法领域，区分国内和国际航空运输的准则是《海牙议定书》（对《华沙公约》的修订），即"本公约所称的'国际运输'，是指根据合同规定，无论运输过程中是否有中断或转机，其始发地和目的地位于两个缔约国境内，或在一个缔约国境内且在另一个缔约国或非缔约国境内有预定的经停点的任何运输"。

《中华人民共和国民用航空法》有如下规定：

本法所称国内航空运输，是指航空运输合同中规定的出发地、约定的经停地和目的地均在中国境内的运输。

本法所称国际航空运输，是指航空运输合同中规定的出发地、目的地或约定的经停地之一不在中国境内的运输。

如果航空运输合同各方认为由几个连续的航空承运人执行的运输是一个单一的业务活动，无论其是以一个合同还是多个合同形式订立，应视为一个不可分割的运输过程。

（二）根据管理方式及法律规定划分

常规的空中航线通常被称作"定期航班"，也可以称为"定期飞行"，它指的是根据公开的时间表进行的飞行，并且向公众开放，需要支付费用的航班；而非定期的空中航线则被称为"非定期航班"或"非固定飞行"，这类航班的飞行时间不固定，不对外公布具体时间，但公众可以付费乘坐。

根据《国际民用航空公约》的第六条和第五条的规定：除非得到某个签约国的特别许可或其他形式的批准，并遵守这些许可或批准的条件，任何进行常规国际航线飞行的飞机都不得在该国的领空飞行或降落在该国领土上。而另一方面，签约国同意，其他签约国的所有不从事常规国际航线飞行的飞机，在遵守本公约规定的前提下，无须事先获得准，有权进入或穿越其领空而不降落，或者进行非商业性质的降落，但允许穿越的国家有权要求其降落。

这两条规定明显地将航空运输划分为定期和不定期航班并实行不同的管理办法，因而需要明确划分标准，但公约又没有就此下定义。因此，国际民用航空组织的管理机构采纳了一项关于"定期国际航线"的界定，供各缔约国在适用公约第五条和第六条时参照。该定义经国际民用航空组织第 2 届航空运输会议修订，并于国际民用航空组织大会第 23 届会议批准。

三、设立条件

由于各国的经济发展程度不一、社会制度各异，规定设立公共航空运输企业所必须具备的条件也就不一样，即使同一国家的不同历史发展阶段对设立公共航空运输企业要求的条件也不完全相同。

依据《中华人民共和国民用航空法》的相关规定，成立一家提供民用航空服务的公司需满足以下条件。

（1）必须拥有符合国家安全规定并能够保障飞行安全的民用飞机。具体来说，公司至少需要拥有三架民用飞机，这些飞机可以是购买的也可以是租赁的，且必须满足相应的标准。

（2）必须拥有依法获得执照的航空人员。这包括能够全面负责公司管理的主要负责人，以及负责飞行、飞机维护和其他专业技术工作的负责人，他们必须符合民航管理的相关规定。此外，公司的法定代表人必须是中国公民。

（3）注册资本必须达到国务院规定的最低标准。换言之，公司必须至少有500万元人民币的注册资本。

（4）必须拥有运营所需的主要基地机场和其他固定的经营场所及设施。

（5）必须满足法律、行政法规规定的其他要求。例如，如果是由外国投资者设立的民用航空服务公司，则必须遵守中国的相关法律、行政法规和规章，以及外商投资民用航空业的相关规定，包括投资比例和其他要求。

知识案例 32

案例描述：

近年来，随着航空市场的不断扩大，越来越多的企业开始涉足民用航空运输领域。某省一家旅游公司计划设立一家专门从事国内旅游包机业务的航空运输企业。在筹备过程中，公司管理层对民用航空运输企业的定义、分类及设立条件产生了疑问，遂咨询相关法律专家。

请思考并回答：

1. 民用航空运输企业的定义是什么？

2. 民用航空运输企业主要分为哪些类别？

3. 设立民用航空运输企业需要满足哪些条件？

任务二　掌握民用航空运输企业的运营管理和法律责任

一、运营管理

2004 年 12 月 16 日，中国民用航空总局发布了第 138 号令，即《公共航空运输企业经营许可规定》（以下简称《规定》），并于 2005 年 1 月 15 日起生效。随着《规定》的实施，1993 年 1 月 16 日民航局发布的《开办航空运输企业审批基本条件和承办程序细则》同时失效。《规定》的主要内容概述如下。

1. 民航运输企业经营许可的管理机构

依据《规定》第三条和第四条的规定，民航总局负责公共航空运输企业的筹建审批和经营许可。民航地区管理局则负责对所辖区域内民航运输企业的筹建审批和经营许可进行初步审核。申请设立民航运输企业，需按照设立条件，由所在地民航地区管理局对申请人的筹建申请进行初步审核，并上报民航总局进行筹建审批。经民航总局审批筹建的民航运输企业在规定时间内完成筹建后，申请人应向所在地民航地区管理局申请经营许可的初步审核，并由民航地区管理局上报民航局办理经营许可手续。

2. 民航运输企业经营许可的基本原则

根据《规定》第五条，民航运输企业经营许可应遵循以下原则。

（1）构建和完善统一、开放、竞争、有序的航空运输市场。

（2）符合国家航空运输发展和宏观调控政策。

（3）确保航空运输安全、提升运输服务质量和保护消费者权益。

（4）坚持公开、公平、公正的原则。

3. 申请设立民航运输企业应满足的条件

依据《中华人民共和国民用航空法》第93条的规定，并结合改革开放以来的实践经验以及民航发达国家的做法，《规定》明确规定了设立民航运输企业应满足的条件。

（1）在航空器数量上，要求至少购买或租赁3架符合相关要求的民用航空器。

（2）在企业管理人员和专业技术人员方面，全面负责企业经营管理的主要负责人应具备民航运输企业的管理能力，主管飞行、航空器维修和其他专业技术工作的负责人应满足民用航空规章的相应要求，企业法定代表人应为中国籍公民，专业技术人员应符合民用航空规章的要求。

（3）在注册资本方面，要求达到国务院规定的注册资本最低限额。

（4）在基地机场和经营场所方面，要求具备运营所需的基地机场和其他固定经营场所及设备。

此外，《规定》还规定了一些限制性条款。

（1）禁止以湿租方式使用我国现有民航运输企业或外国民航运输企业的民用航空器筹建民航运输企业。这一规定旨在增强新设立民航运输企业经营许可制度的严肃性，防止申请人拼凑成立民航运输企业，并防止可能出现的随意中断经营的情况。

（2）为了防止垄断和不正当竞争，维护公平竞争的航空运输市场秩序，与民航运输企业有直接关联、可能影响航空运输市场公平竞争的企业或单位，如民用机场、空中交通管理、航空器制造、航油供应、民航计算机信息等，不得单独设立或违反规定参股设立民航运输企业。

二、法律责任

民用航空运输企业在运营管理过程中承担着重要的法律责任，这些义务主要基于国际协定、国内法令、法规以及行业准则。以下是一些重要的法律责任。

（1）安全责任：民用航空运输企业有义务确保航空安全，包括飞行安全、旅客和货物的安全等。公司必须遵循国际民用航空组织（ICAO）所设定的安全准则和建议做法。以及国内的安全法规，确保航空器的适航性、机组人员的合格性，以及运营过程的安全性。

（2）合规责任：民用航空运输公司应当遵循国家的法律、法规以及行业准则，包括航线经营许可、价格管理、消费者权益保护等方面的规定。公司必须保证其业务活动遵守法律规定，严禁从事任何违法或违反规定的经营活动。

（3）服务质量责任：民用航空运输企业应提供高质量的服务，包括航班准点、旅客舒适度、行李处理等方面的服务。企业需按照承诺的标准和规定提供服务，并对旅客的投诉和建议进行及时响应和处理。

（4）环保责任：民用航空运输企业有义务减少对环境的影响，采取节能减排措施，降低航空运输的碳排放。企业需遵守国际和国内的环境保护法规，积极推广绿色航空技术和可持续发展理念。

这些法律责任要求民用航空运输企业在运营管理过程中，始终保持高度的法律意识和合规意识，确保企业的运营活动符合法律法规和行业规定，保障航空安全、服务质量和环境保护。同时，企业还需建立健全的内部控制机制，加强风险管理和应急处理能力，以应对可能出现的法律问题和挑战。

知识案例 33

案例描述：

某民用航空运输企业近年来发展迅速，但在运营管理过程中发生了一系列问题，包括航班延误、行李丢失、旅客投诉增多等。这些问题不仅影响了企业的声誉，也引发了关于其法律责任的争议。

请思考并回答：

1.民用航空运输企业在运营管理中应如何确保航班正点率和服务质量？

2.当发生航班延误、行李丢失等情况时，民用航空运输企业应如何承担法律责任？

3.如何加强民用航空运输企业的监管，以确保其合规运营？

知识拓展

国内外涉及"民用机场、人员及运输企业法律规制"的主要法律依据

（一）国内

1. 民用机场法律规制

（1）《民用机场管理条例》：该法规对民用机场的规划、建设、运营和管理等环节进行了全面的规范，以确保机场的安全性、有序性和高效率。

（2）《民用机场运行安全管理规定》：该规定详尽地阐述了民用机场运行安全的各项管理标准，涵盖了飞行区的监管、视觉导航设施的维护、停机坪操作的监督等方面，旨在保障机场运行的安全。

2. 人员法律规制

（1）《民用航空安全检查规则》：对民航安全检查人员的规定作了具体说明，包括其职责、权利、资格认证等方面的要求，以确保安检工作的有效进行。

（2）《民用航空人员体检合格证管理规则》：该规章对民航工作人员的健康证明管理进行了明确，旨在确保航空人员的身体条件和飞行的安全性。

3. 运输企业法律规制

（1）《公共航空运输企业航空安全保卫规则》：该规则对民用航空运输企业的安全管理进行了全面规范，涵盖了安全管理框架、风险评估、安全教育等相关规定。

（2）《国内航空运输承运人赔偿责任限额规定》：该规章详细规定了国内航空运输中航空公司对乘客、行李和货物的赔偿责任上限，旨在维护消费者利益。

（二）国际

1. 民用机场法律规制

《国际民用航空公约》附件14：该附件规定了机场设计、建造、运营及管理方面的国际准则和建议做法。

2. 人员法律规制

在国际层面，关于民用航空人员的法律规制主要涉及国际民用航空组织（ICAO）发布的一系列标准和建议措施，这些文件通常关注人员的培训、资质认证以及国际间的互认等方面。

3. 运输企业法律规制

虽然国际层面没有专门针对民用航空运输企业的统一法律文件，但各国通常会参考国际民用航空组织的标准和建议，结合本国实际情况，制定相应的法律法规来规范运输企业的运营和管理。

>>> >>> 单元八

民用航空保险与
第三人损害赔偿

　　民用航空保险与第三人损害赔偿，是航空法律体系中不可或缺的重要组成部分。随着航空业的快速发展，航空保险作为风险管理的有效手段，为航空活动提供了重要的安全保障。此外，第三人损害赔偿机制的健全化，同样为航空事故受害者的权益维护提供了坚实的法律保障。

　　通过本单元的学习，同学们将能够全面理解民用航空保险与第三人损害赔偿的法律制度，理解相关法律条例的应用原则，增强处理实际问题的技能。

导入案例8

案例描述：

　　某航空公司的一架客机在飞行过程中因机械故障发生空难，导致多名乘客和机组人员丧生。事故发生后，航空公司立即启动了应急响应程序，并通知了相关保险公司。同时，遇难者家属也提起了损害赔偿诉讼，要求航空公司赔偿因亲人遇难而产生的各项损失。

请思考并回答：

　　1. 航空公司在本次事故中应承担哪些法律责任？

　　2. 民用航空保险在此类事故中如何发挥作用？

　　3. 遇难者家属如何主张其损害赔偿权利？

项目一　民用航空保险法律规制

任务一　了解民用航空保险的概念和种类

一、概念

民用航空保险是民用航空领域内财产及相关经济利益作为保险对象的所有类型保险的统称。

普遍认为民用航空保险等同于飞机保险，但这种理解是不全面的。飞机保险仅是民用航空保险众多险种中的一种。民用航空保险实际上是一种包含多种类型的保险。它不仅包括以飞机和相关设备为保险对象的财产保险，还涉及责任保险，比如航空公司对乘客和第三方的法定责任保险；以及人身意外伤害保险，例如机组人员和航空旅客的意外伤害保险等。除此之外，市场上还提供其他类型的民用航空保险，如机场责任保险、空中交通管制责任保险、航空维修责任保险和航空器制造商产品责任保险等。因此，民用航空保险具有广泛的覆盖范围，是一种多方面的保险。

二、种类

（一）航空器机身险

航空器机身险涵盖了航空器在飞行、滑行或地面停放期间，其机身、引擎及附属设备因各种原因遭受的损失、损害或遗失，包括碰撞、坠落、爆炸、起火等导致的全损或部分损失，保险公司对此承担赔偿义务。此外，该保险还涵盖了因意外事件或自然灾害导致航空器需要进行拆卸、重新装配、运输和清除残骸的费用，以及在这些情况下为防止或减少损失而支付的合理救援费用，但这些费用的赔偿上限不超过航空器机身保险金额的 10%。

航空器保险是一种结合了财产保险和责任保险的复合型保险产品，并且是按照法规要求必须投保的保险。各国均要求航空运输的经营者投保此类保险。在当代保险业务中，航空器机身保险普遍采用固定价值保险方式，即保险金额与保险价值一致，其价值通常依据以下三种方法确定：一是账面成本，即根据购买飞机时的实际成本或根据年度折旧后的账面价值计算；二是重置成本，即按照市场同样类型、同样机龄飞机的市场价值；三是双方协定价值，即由保险人与被保险人协商确定的价值。厘定该险种费率通常考虑的因素有：飞机类型、航空公司的损失记录、飞行员及机组人员的保险情况、飞机的飞行小时及飞机的机龄、飞行范围及飞机用途、免赔额的高低、机队规模的大小、国际保险市场的行情等。飞机保险的保费率分为年度费率和临时费率。临时费率通常是年度费率的一个固定百分比，例如，如果保险期限为一个月，其费率大约为年度费率的 15%。

航空器机身保险的免责条款如下。

（1）由于战争、敌对行动或军事冲突导致被保险航空器被扣押或遭第三方破坏。

（2）航空器未满足适航标准而进行飞行。

（3）投保人的故意行为所致。

（4）航空器部件因自然耗损、制造缺陷或机械故障，以及由噪声、污染、放射性污染造成的损害。

除外责任意味着上述情况在保险赔偿范围之外，但有时航空承运人又确实需要就某些除外责任的事故进行保险，这时可采取机身附加险的形式获得赔偿。

（二）机身险的附加险种

1. 机身战争险

此类保险主要覆盖因战争、绑架、敌对行动、武装冲突、劳资纠纷、民众骚乱、暴乱等情形，导致航空器被拘留、征用或第三方恶意毁坏而产生的损失或损害。机身战争险一般是作为机身一切险的一种特别附加险承保的。因此，其投保的金额也是约定价值。但机身战争险通常没有免赔额。其除外责任是：发生原子弹、氢弹袭击或其他核武器爆炸。

2. 责任战争险

因机身战争险责任范围内的事件导致被保险人对第三方或乘客承担的法律责任所产生的费用，由保险公司负责补偿。其他内容与机身战争险相同。

3. 免赔额险

免赔额是指保险人对每次保险事故免赔一定的损失金额，一般以绝对数表示。通常是飞机价值越高，免赔额也就越大。例如，波音 747 型飞机免赔额为 100 万美元；波音 737–300 型飞机免赔额为 75 万美元；波音 737–200 型飞机免赔额为 50 万美元。鉴于保险公司对每次事故的赔偿金额设有一定比例的免赔额，因此也被称作免赔率。不同于一般财产保险，保险公司在承保时通常会在保单中明确一个免赔额度。如果发生意外事故导致飞机完全损毁，保险公司将根据约定的保险金额进行赔偿；对于飞机的部分损失，保险公司仅对实际损失扣除免赔额后的差额进行赔付；若实际损失低于免赔额，则保险公司不作赔偿，相关损失由投保人自行承担。

免赔额险是针对免赔额部分的保险，以此来降低被保险人对免赔额部分的风险。该险种作为机身险的附加险，通常以机型来决定免赔额，然后另行交纳保险费投保。如一架波音 747–400 型飞机，假设其机身险免赔额为 100 万元，若投保免赔额险，则免赔额就由 100 万元减少到一定数目。假设减少到 50 万元，该航空器如发生事故损失了 90 万元，则被保险人只承担 50 万元，另外 40 万元由保险人承担。若被保险人只投保机身险而未投保免赔额附加险，则 90 万元均由被保险人自行承担，因其损失数额未超出免赔额规定的 100 万元免赔界限。

免赔额保险仅是将机身保险的原有免赔额减少到一个较低的水平，并非完全免除免赔额。该保险的保险金额限定为机身险的免赔额，保费与免赔额呈反比关系，即免赔额设定得越高，所需支付的保费就越低。

4. 航空器试飞保险

该保险承保标的是从生产线上下来、出厂前或被维修后交给客户前，为验证其性能而需试飞的航空器。试飞的航空器通常均未取得或需要重新取得运输适航证，保险人承保时，对于新制造的航空器，一般规定适当的飞行小时数和地面停放天数作为收取保险费的基础，保险期满时再根据实际情况加以调整；对于维修的航空器，一般以维修合同为基础，根据维修后不同的试飞项目在机身险项下加收一定的保险费。

此外，考虑到飞机在飞行中和地面停放时面临的风险存在差异，对飞机进行维护（特指常规维护和非保险事故引起的维修）或连续停场超过特定天数（例如 10 天或 14 天）时，视保险单具体规定而定，此期间的保险费可以办理停航退费。

停航退费的计算方法是保额乘以飞行费率与地面费率之差，乘以退费比例（如 75% 或 50%），再乘以实际停航天数，再除以一年的天数。其计算公式为：

停航退费 = 保额 × （飞行费率 － 地面费率） × 退费比例 × 停航天数 /365

例如，飞行费率为 0.8%，地面费率为 0.4%，飞机保额 3 000 万美元，退费比例为保费的 75%，停航 20 天，那么应退的费用是：

$$3\,000\,万 × （0.8\% － 0.4\%） × 75\% × 20/365 = 4\,931.51（美元）$$

如果飞机是因发生保险事故进行修理的，则在修理期间的停航不予办理退费。

（三）航空承运人法定责任险

航空公司法定责任保险涵盖了飞机在运营期间（包括飞行和起降阶段），由于意外事件造成的人员伤亡或财产损害，保险公司将对被保险人应负的经济赔偿责任进行赔偿。这是一种强制保险，它承保的是承运人对旅客、货主或第三者所负的法律责任，涵盖了航空旅客运输法定责任保险（包括行李）、航空货物运输法定责任保险、航空邮件运输法定责任保险以及第三方责任保险四种类型。

1. 航空旅客运输法定责任保险（包括行李）

该保险覆盖了旅客在搭乘或进出飞机时发生的意外，导致旅客身体伤害或死亡以及其携带行李（包括随身携带行李和托运行李）的损失，根据法律规定，由被保险人（航空公司）承担的赔偿责任，保险公司将负责赔偿。在此保险中，旅客包括已购票的旅客或航空公司同意免费搭载的旅客，但不包括为履行航空运输企业的飞行任务而免费搭载的人员。

根据《中华人民共和国合同法》中关于"运输合同"的规定，"承运方有责任在约定的期限或合理的时间内，安全地将乘客和货物运送至指定地点"。如果在运输过程中导致乘客人身伤害或死亡，承运方需承担违约或侵权责任，并进行相应的赔偿。为了确保承运方能够充分赔偿，保护乘客的合法权益，我国法律强制要求航空公司购买旅客法定责任保险，也称为承运人责任保险。这种保险以承运方可能对乘客承担的赔偿责任为保险对象，实质上属于财产保险范畴，而非人身保险。投保人是航空公司，保险费来源于机票收入，保险费的支出属于航空公司的运营成本，构成了机票价格的一部分。在旅客遭受伤亡的情况下，航空公司作为运输方，依法应负的赔偿责任由保险公司根据旅客法定责任保险合同的规定进行赔偿。

2. 航空货物运输法定责任保险和航空邮件运输法定责任保险

该保险涵盖保险人对航空器运输的货物或邮件，在从接手承运到交付给收货人的整个过程中，如果发生损失或延迟交付，根据法律或合同应由被保险人负责的赔偿责任。

3. 航空器第三人责任保险

航空器第三人责任保险：保障航空器在运营过程中，因航空器坠落或从航空器上掉落人员、物品导致第三人的人身伤害或财产损失，由被保险人负责的赔偿责任，保险公司将进行赔偿。在航空运输中，航空公司与乘客或托运人以及收货人之间存在航空运输合同关系。航空运输合同当事人以外的均为第三人。但是，被保险人的雇员（包括机上和机场工作人员）以及飞机上的乘客的人身伤亡或财产损失，均不在第三人责任保险的保障范围内。在我国，航空器第三人责任险属于强制性保险，无论是公共航空运输企业还是通用航空运输企业，都应当投保第三人责任险。非本国民用飞机在本国境内进行民用航空业务之前，必须先行购买第三人责任保险。这与世界各国的立法和航空惯例相一致。

作为一项单独的保险类别，航空器第三人责任保险通常与航空器机身保险、乘客责任保险和货物运输责任保险等保险项目一起被承保。但责任分开，责任限额与保险费分别计算，且航空公司有投保选择权。航空器第三人责任险通常没有免赔额，但法定责任保险中旅客行李及货物通常规定数额较小的免赔额。

航空旅客运输法定责任保险和第三方责任保险的责任限额是基于每次事故来设定的。在设定责任限额时，主要考虑的因素包括：飞机的航线、飞机型号、各国对人身伤害赔偿限额的法律规定、乘客构成等。如果是以机队形式投保的，还要考虑机队飞机的构成。航空公司通常根据飞行里程来计算旅客运输法定责任保险的保费。收取保费的流程是，在年初预先收取全年预估保费的 75%（这被称作"预收保费"或"最低保费"），待保险期满时，再依据实际飞行里程数进行相应的调整。如果是单架飞机投保，保险人则按旅客座位数收取一定的保险费。第三人责任险的保险费可以按机队规模或者按机型一次收取。法定责任保险的保费是根据航空公司年度货物运输收入来计算的。

此外，航空承运人法定责任险还负责与事故发生有关的费用支出，如事故发生后的搜索和施救费用，为减少事故损失及损坏而采取的措施的成本、清除飞机残骸的费用等。通常规定上述这些费用成本的最高给付限额为每次事故 300 万美元。此外，保险公司也承担因应被保险人赔偿责任而产生的相关诉讼费用。法定责任险对被保险人的投保总额作了限制。一般而言，保单中会规定：单次事故的赔偿上限或保险期限内累计赔偿的上限为 10 亿美元。

（四）航空旅客人身意外伤害险

航空旅客意外伤害保险，简称航意险，是保险公司针对航空旅客特别定制的商业保险。其保障范围是，被保险人在飞机登机、滑行、飞行、降落过程中，也就是在保险期间内，如果因飞机意外事故遭受人身伤害导致死亡或残疾，保险公司将根据保险合同规定的金额支付死亡赔偿金，或根据残疾程度支付相应的残疾赔偿金。意外伤害是指遭受非自愿的、突发的、外来的、非疾病因素造成的身体伤害事件。保险期限是指从被保险人进入指定航班的飞机舱门开始，到抵达目的地离开舱门为止。等效航班是指由于某些原因航空公司为所有旅客更换的航班，或者被保险人经航空公司同意后变更的航班，且变更后的起始港与原航班相同。该保险不包括被保险人的故意行为或非意外事故造成的伤害。

航空旅客意外伤害保险和航空旅客运输法定责任保险虽然都提供赔偿，旨在为航空旅客提供更全面的保障，但它们是两种完全不同的保险类型。

首先，航空旅客运输法定责任保险的被保险人是航空公司，它覆盖的是航空公司可能对旅客承担的赔偿责任，本质上属于责任保险，是强制性的。保险公司先赔偿给航空公司，然后航空公司再赔偿给旅客。而航空旅客意外伤害保险的被保险人是旅客本人，它覆盖的是旅客在飞行过程中因意外事故造成的人身伤害或死亡，本质上属于人身保险。对于每位旅客来说，购买航意险是完全自愿的。航空意外事故发生后，由旅客或其指定受益人直接持保单到保险公司索赔。

其次，航空旅客人身意外伤害险是航空旅客运输法定责任险的有益补充。换言之，若发生民用航空保险事故，已购买航意险的旅客除了能获得航空公司（承运人）的赔偿（实质上是旅客法定责任险的赔偿金支付），还能额外获得航意险的赔偿金。依据自 2006 年 3 月 28 日起实施的《国内航空运输承运人赔偿责任限额规定》，如果旅客自行购买了航空旅客人身意外伤害保险，则该保险金的支付不会免除或减少航空公司应负的赔偿责任。因此这两种保险是并行不悖的，旅客自主选择购买航意险，这能让遇难者家属获得额外的赔偿金，同样，对于身体残疾的旅客，也能获得更多的残疾赔偿。

在我国，各家保险公司对于航空旅客意外伤害保险的保额和保费设定如下：首先，保额是按份额计算的，每份保额为 40 万元人民币。每位被保险人可获得的最高保额不超过 200 万元人民币；其次，保费需在签订合同时一次性支付，每份保费为 20 元人民币。

（五）航空货物运输险

航空货物运输保险是国内运输保险的一个分支，涉及保险公司对法人或个人通过民航公司运输的货物，在运输途中因保险责任范围内的不可抗力或意外事件造成的损失进行赔偿。该保险的被保险对象包括托运货物的企业和个人。

1. 保障范围

（1）因飞机发生碰撞、翻覆、坠落、失踪，紧急情况下的卸货，或遇到恶劣天气及其他灾难性事件导致的抛弃行为而造成的损失。

（2）由于货物本身遭受火灾、爆炸、雷击、冰雹、暴风雨、洪水、海啸、地震、地面塌陷、山体滑坡等自然灾害而造成的损失。

（3）由于震动、撞击或压力导致的货物破碎、变形、凹陷、断裂、裂缝等损坏，以及由此引起的包装破裂造成的货物散落。

（4）对于液体、半流体或需液体保存的货物，在运输途中因震动、撞击或压力造成容器（包括封口）损坏而渗漏，或液体保存的货物因渗漏导致货物腐败的损失。

（5）货物因被盗或未能提取而造成的损失。

（6）在装卸过程中和地面运输途中，由于不可抗力的意外事故或雨淋造成的货物损失。对于上述范围内的保险事故，保险公司负责赔偿，对于因救援或保护货物而产生的合理费用，保险公司同样负责赔偿。航空货物运输保险的保障期限从承运人接收货物并签发注明保险的航空货运单开始，直至货物运抵目的地并交付至收货人当地的仓库或其他储存场所为止。但如果收货人在货物到达后未及时提取，则保险责任最多延长至承运人通知收货人货物到达后的十五天内。

2. 除外责任

（1）战争或军事行为。

（2）由于货物自身的缺陷或正常损耗，以及由于包装不当或托运人未遵守运输规则而造成的损失。

（3）托运人或被保险人的故意行为或疏忽。

（4）其他不属于保险保障范围内的损失。

航空货物运输保险的保险金额可以根据货物的价值或价值加上运输和杂费、保险费来确定。在保险期间内，允许被保险人调整保险金额，但必须向保险公司申请并办理相关手续。被保险人有责任在保险公司出具保单时，按规定一次性缴清保险费；托运货物需按有关标准进行包装；并在发生保险事故后迅速采取抢救措施。

航空货物运输险还规定了两个附加险种，即国内航空行李运输保险和国内航空鲜活货腐烂、死亡责任险。

（六）机场责任保险

机场及操作人员责任保险简称机场责任保险。该保险对以下责任引起的损失负责赔偿：

（1）机场所有者或经营者在提供服务过程中或其员工在履行职责时因过失导致第三方遭受的人身伤害或财产损害。例如，机场内的电梯使用操作不当致使乘坐者受伤，接送飞机乘客的车辆延误时间、候机厅内通道设计不合理致使有人因拥挤而受伤等，都可以索要赔偿。

（2）被保险人（即机场所有者或经营者）负责保管的第三方飞机或相关设备遭受的损害，这种损害必须是由被保险人的过失或疏忽造成的。

（3）由于被保险人提供服务或设备存在缺陷，导致第三方遭受人身伤害或财产损失，被保险人需承担的经济赔偿责任。例如，为候机的乘客提供的食物不洁等。

被保险人自身的财产损害或人身伤亡，机场内机动车引起的责任，机场所属酒店、宾馆业主的责任，因被保险人提供有缺陷的产品导致的损失，由于产品设计、生产、操作不当导致的损失，合同责任等均不属于该保险的保障范围。对于财产损失，通常设有免赔额，但额度较低。对于某些被排除的责任，可以通过支付额外保费来获得额外保障。

（七）空中交通管制责任保险

空中交通管制责任保险：针对空中交通管制单位或承担部分空中交通管制职责的机场，在业务运营中因意外事件导致第三方人身伤害或财产损失，依法需承担的经济赔偿责任。被保险人自身的财产损失或人身伤亡、合同责任等不包括在内，对于财产损失通常设有免赔额，但额度较低。

（八）航空产品责任保险

航空产品责任保险的被保险人通常是飞机的制造商。该保险主要覆盖因制造商或设计者的失误、操作不当或生产缺陷，修理商的修理错误，以及不合格的零部件导致的飞机及其他财产损失或人身伤亡的赔偿责任。

近年来，航空器产品责任问题逐渐成为公众关注的热点。航空器事故发生后，受害人首先关心是否有产品责任。这是因为航空公司通常受到法律对赔偿责任的限制。

除非能证明航空公司有故意或严重疏忽的行为，否则受害者只能获得法定的赔偿上限。另外，一般的飞机险保单都将产品责任作为保险单项下的除外责任。因此，一旦确定了产品责任，受害者和飞机保险的被保险人都可以通过法律途径向制造商索取更高的赔偿金。而且这种赔偿金额，从理论上讲，没有法律规定的责任限额，也就是说，受害人得到的赔偿金额很可能是无限制的。

民用航空保险的险种很多，除以上介绍的几种主要险种外，目前市场上还有机组人员意外伤害险、丧失执照保险、租机保险、航空旅客地面意外伤害险、飞行表演责任险、航空维修人责任保险、航空展览会主办单位责任保险等险种。

值得一提的是，近年来航班延误问题一直备受关注，在航空公司的航班延误赔付标准迟迟不出，乘客对于航班延误频频表示不满之时，针对于此的保险产品——航班延误保险应运而生。不过该险种是作为旅游意外险的附加险面市的，如果要获得该保障，首先必须购买旅意险。此外，当前这类保险通常只针对"因极端气候、机械故障、劳资冲突或非法干预导致的航班延误超过6小时"的情况提供赔偿。由于航空公司的"内部因素"，如航班调度、运输服务等引起的航班延误，通常不包括在赔偿范围内。但根据相关资料，除去天气等不可抗力的原因，航空公司的航班计划、运输安排不当是造成航班延误的最主要原因。

随着民用航空运输业的发展，势必会有更多的涉及航空运输的保险险种问世，为航空运输活动的当事人提供更多的经济保障。

知识案例 34

案例描述：

　　某航空公司为确保其运营安全，减少潜在风险，与某保险公司签订了多项航空保险合同。在一次国际航班中，由于遭遇恶劣天气，飞机发生机械故障，导致紧急迫降。事故发生后，保险公司依据合同对航空公司进行了赔偿。

请思考并回答：

　　1.什么是民用航空保险？其主要目的是什么？

2. 民用航空保险主要包括哪些种类？

3. 在上述案例中，保险公司可能依据哪些种类的保险进行了赔偿？

任务二　掌握民用航空保险的法规和政策

一、民用航空保险的法规

民用航空保险相关的法规规定主要涉及保障航空运输过程中旅客、货物和航空器的安全，以及处理相关事故和损失的赔偿问题。这些规范一般由国际协定及国内法律和规章共同确立。

在全球范围内，最关键的协议是《华沙公约》，该条约明确了国际航空运输领域中乘客和货物的赔偿责任。另外，还有《蒙特利尔协议》，它是《华沙公约》的现代化和统一化版本，提供了更高的赔偿限额和更广泛的适用范围。

在国内层面，各国都有自己的民用航空保险法规。比如，《中华人民共和国民用航空法》就涵盖了有关航空保险的条款。这些规定要求航空承运人必须为旅客和货物购买保险，并在发生事故时承担相应的赔偿责任。

此外，还有一些与航空保险相关的法规和规定，例如关于航空器第三者责任险的规定，以及关于航空器机身和零部件保险的规定等。这些法规和规定都是为了确保航空运输的安全和顺利进行，并为相关方提供必要的保障和赔偿。

需要注意的是，具体的航空保险法规和规定可能因国家和地区而异，因此，在开展国际航空运输业务时，参与方必须熟悉并遵循相关国家和地区的法律和规章要求。

二、民用航空保险的政策

促进民用航空保险的政策主要包括以下几个方面。

（1）法规制定和完善：政府通过制定和完善相关的法律法规，推动民用航空保险市场的发展。例如，明确规定航空承运人必须为旅客和货物购买保险，以及在发生事故时承担相应的赔偿责任。

（2）保险产品创新：鼓励保险公司根据市场需求，开发更加适合民用航空领域的保险产品。例如，推出针对航空器机身和零部件的保险，或者为航空公司提供地面第三人责任险等。

（3）税收优惠：对民用航空保险提供税收优惠，降低保险成本，从而吸引更多的企业和个人购买航空保险。

（4）风险管理和安全监管：加强航空安全监管，提高航空器的安全性能，降低事故发生的概率。同时，通过风险管理和控制，减少保险赔付的风险，促进保险市场的稳定发展。

（5）提升保险意识：通过普及保险教育，增进大众对航空保险的了解和认知。通过宣传和教育，让更多的人了解航空保险的重要性，从而增加保险需求。

这些政策旨在推动民用航空保险市场的健康发展，提高航空运输的安全性和可靠性，为航空业和保险业的发展提供有力支持。

知识案例 35

案例描述：

　　某国际航空公司在运营过程中，为了确保其航空安全，降低运营风险，依据相关民用航空保险法规和政策，与多家保险公司签订了包括机身险、责任险等在内的多项保险合同。在一次飞行事故中，由于飞机发动机故障导致飞机紧急迫降，幸未造成人员伤亡，但飞机机身遭受了严重损坏。在事故发生之后，保险公司依据保险合同及相关法律规定进行了赔付。

请思考并回答：

　　1. 民用航空保险法规和政策的主要目的是什么？

　　2. 航空公司在选择民用航空保险时需要考虑哪些法规和政策要求？

　　3. 在上述案例中，保险公司进行赔偿的法律依据是什么？

项目二　民用航空第三人损害赔偿法律规制

任务一　理解第三人损害赔偿的概念和原则

一、概念

《中华人民共和国民用航空法》（以下简称《民用航空法》）第一百五十七条规定：民用航空器在飞行中或从其上落下的人或物品，导致地面（包括水面）上的人员受伤、死亡或财产损失的，受害者有资格获得赔偿；然而，如果所受伤害并非事故的直接结果，或仅因航空器按照国家空中交通规则的正常飞行造成的损害，受害者则无权获得赔偿。

在此，"地面"或"水面"上的人指的是非合同方的第三方。换言之，在航空运输过程中，航空公司与乘客或托运人以及收货人之间存在航空运输合同关系，而合同之外的人均被视为第三方。《民用航空法》第一百五十八条明确指出：依照第一百五十七条所规定的赔偿责任，由民用航空器的经营者承担。即如果航空器对第三方造成损害，经营者必须依法承担相应的责任。

在航空作业中，航空作业经营人与航空作业使用人依法订立航空作业合同，他们之间的权利义务关系由合同约定。非合同方的个体均被视为第三人。若航空器导致第三人受损，航空器的经营者需依法承担相应责任。

然而，第三人的情况可能较为复杂，需根据不同的法律关系和相应的法律规定进行区分处理。例如，在航空运输或航空作业过程中，尽管受害者不属于航空运输合同或航空作业合同的一方，但他们可能是航空器经营者的雇员，受到劳动法的保护，因此不适用关于第三人损害责任的法律。

航空器对第三人的损害责任主要如下。

（1）航空器对地面（包括水面）第三方造成的损害责任。

（2）航空器碰撞造成的损害责任。

二、原则

航空器对地面第三人的损害责任是一种民事责任，由侵权行为产生，为侵权之债，责任形式是赔偿损失。

《中华人民共和国民法典》（以下简称《民法典》）明确指出：债务是基于合同约定或法律规定，在当事人之间产生的一种特定权利和义务关系。拥有权利的一方称为债权人，承担义务的一方称为债务人。所谓的"侵权行为"，是指违反法律规定，侵犯他人合法权益，应当承担民事责任的行为。侵权行为分为普通侵权和特殊侵权两种类型。当行为人因自己的不当行为导致他人损害时，适用民法中的一般责任规定，称为普通侵权；如果当事人因与自己有关的他人行为、事件或其他特殊因素导致他人损害，根据民法中的特殊责任规定或《民事特别法》的规定需承担赔偿责任，则称为特殊侵权。

在中国，侵权责任通常遵循"过错责任原则"。《民法典》规定：公民或法人因过失侵犯国家、集体或他人的财产和人身权利的，应承担民事责任。这里所指的就是"过错责任原则"，适用于所有普通侵权行为的责任构成；然而，对于特殊侵权行为的责任，一般采用"无过错责任原则"。

《民法典》还规定：在从事高空、高压、易燃、易爆、剧毒、放射性、高速运输等高风险作业过程中造成他人损害的，应承担民事责任；除非能够证明损害是由受害人故意造成的，否则不得免除责任。

根据这一规定，在中国，从事高风险作业造成他人损害时，应适用无过错责任原则。只有在受害人故意造成损害的情况下，才可以免除民事责任。如此归责原则，亦是现代国际社会的通行做法。民用航空在高空作业，具有高度危险，航空器对第三人造成损害的侵权行为，应当根据上述规定归责。这一民法上的规定，对民用航空来说是一般法规定。《民用航空法》作了类似规定，则是特别法规定。

航空器空中碰撞，往往呈现复杂的情况，经常难于判明谁有过错。在此类情形中，应当采用"公平责任原则"。《民法典》指出：如果各方对于造成的损害均无过失，可依据实际情况，由各方共同承担民事责任。如果受害者对损害的发生也存在过失，可以相应减轻侵权方的民事责任。

知识案例 36

案例描述:

在一次国际航班中，由于飞机机械故障，导致紧急降落时发生意外，造成地面一名第三人受伤。受伤第三人随即向航空公司提出损害赔偿请求。航空公司与第三人之间就损害赔偿的数额和责任归属产生了争议。

请思考并回答:

1. 第三方损害赔偿的定义是什么？

2. 第三方损害赔偿的原则是什么？

3. 在本案中，航空公司对第三人的损害赔偿责任应如何确定？

任务二　掌握第三人损害赔偿的法律规定和程序

一、赔偿的法律规定

第三人损害赔偿的法律依据主要来源于《中华人民共和国民法典》和《最高人民法院关于审理道路交通事故损害赔偿案件适用法律若干问题的解释》。具体法律条文如下：

（1）《中华人民共和国民法典》第一千二百零八条指出，机动车发生交通事故造成损害时，应依法承担赔偿责任。第一千一百七十九条明确，造成他人人身伤害的，需赔偿医疗费用、护理费、交通费、营养费、住院伙食补助费等合理支出，以及因误工减少的收入。若导致残疾，还需赔偿辅助器具费和残疾赔偿金；若导致死亡，还需赔偿丧葬费和死亡赔偿金。

（2）《最高人民法院关于审理道路交通事故损害赔偿案件适用法律若干问题的解释》第十八条指出，在特定情况下，如驾驶人无证驾驶或在醉酒、服用管制药品或麻醉药品后驾驶机动车发生交通事故，当事人请求保险公司在交强险责任限额范围内赔偿的，人民法院应予以支持。

以上只是一般性的法律规定，具体的法律解释和应用可能因案件的具体情况和法院的判断而有所不同。在涉及具体的法律问题时，建议咨询专业律师以获取准确的法律建议。

二、赔偿的法律程序

第三人损害赔偿的法律程序通常涉及以下步骤。

（1）通知保险公司：一旦发生事故，应立刻保护现场，并及时向保险公司通报情况。这一步非常重要，因为它有助于确保事故得到及时和正确的处理。

（2）现场处理：保险公司会派人到现场进行查勘，了解事故的具体情况，收集相关证据。此流程有助于明确事故责任方和计算赔偿金额。

（3）定损修理：在事故处理过程中，需要对受损的财产进行定损，确定修理或替换的费用。这一步骤通常由保险公司和第三方共同完成。

（4）提交单证进行索赔：收集所有必要的索赔资料，如医疗记录、报警记录等，并将其提交给保险公司。这些资料将用于支持索赔请求。

（5）索赔核算：在所需的理赔文件收集齐全后，保险公司将进行核算，从而确定赔偿的最终数额。这一步骤可能涉及对事故责任的进一步调查和评估。

（6）赔偿支付：在赔偿金额确定后，保险公司的财务部门会根据理赔部门的计算，将赔偿金转账至被保险人指定的账户。

在整个法律程序中，被保险人应积极配合保险公司和第三方完成相关步骤，以确保索赔请求得到及时处理。如果被保险人认为保险公司或第三方的处理存在不当之处，可以寻求法律援助或提起诉讼来维护自己的权益。

务必了解，法律流程可能因地区差异和案件细节而有所变化。因此，在处理第三人损害赔偿案件时，建议被保险人咨询专业律师以获取准确的法律建议和指导。

知识案例 37

案例描述：

在一次国内航班起飞过程中，由于飞机发动机故障，导致飞机在跑道上紧急制动，飞机尾部与跑道旁的一辆正在作业的工程车发生碰撞，造成工程车司机受伤。受伤司机随即向航空公司提出第三人损害赔偿请求，要求赔偿医疗费、误工费、精神损失费等各项损失。

请思考并回答：

1.关于第三方损害赔偿的主要法律依据是什么？第三人损害赔偿的程序通常包括哪些步骤？

2.在本案中，受伤司机应如何提出损害赔偿请求？

 **知识拓展**

国内外涉及"民用航空保险与第三人损害赔偿"的主要法律依据

1. 国内

（1）《中华人民共和国民用航空法》：该法规定了民用航空活动中涉及保险与第三人损害赔偿的相关内容。比如，法律明文规定，民用飞机的经营者必须购买地面第三方责任保险或获得相应的责任担保。

法律还指出，在特定情形下，经营者或所有者不必对飞行中的民用飞机或从飞机上坠落的人员和物品导致的地面损害负责，但故意导致此类损害的行为者不在此列。

（2）《中华人民共和国保险法》：该法提供了保险活动的基本法律框架，包括保险合同的订立、履行、变更和终止等，为民用航空保险提供了基本的法律依据。

（3）《中华人民共和国民法典》：特别是第一千一百七十五条和第一千一百七十九条，这些条款涉及第三人过错造成的损害赔偿责任，包括人身损害赔偿的范围。在民航法背景下，这些规定适用于因第三人行为造成的人身伤害赔偿问题。

2. 国际

（1）《国际民用航空公约》及其附件：该公约及其附件是国际民用航空领域的基础性法律文件，虽然它们并不直接涉及具体的保险与损害赔偿规定，但为各国制定和执行自己的航空法规提供了框架和指导。

（2）国际航空运输协会（IATA）的相关文件：国际航空运输协会可能会发布与航空保险和第三人损害赔偿相关的指导原则或推荐做法，这些文档虽不具备法律约束力，却在国际航空运输操作中扮演着关键角色。

除了前述的法律文本，国内也有若干行政法规、部门规章或规范文件，例如《国内航空运输承运人赔偿责任限额规定》详细规定了国内航空运输承运人在航空运输中发生的损害赔偿责任限额，包括对每名旅客的赔偿责任限额、对旅客随身携带物品的赔偿责任限额以及对旅客托运的行李和运输的货物的赔偿责任限额；再如《民用航空器飞行事故应急反应和家属援助规定》涉及民用航空器飞行事故的应急反应和家属援助，间接影响航空保险和赔偿事宜。

单元题库

>>> >>> 单元九

民用航空刑事犯罪与非法干扰行为法律规制

　　随着航空事业的快速发展，航空安全与秩序日益成为国际社会共同关注的焦点。然而，在实践中，民用航空刑事犯罪与非法干扰行为仍时有发生，严重威胁着航空安全与正常秩序。为此，各国纷纷加强了对民用航空刑事犯罪与非法干扰行为的法律规制，以维护航空安全与秩序。

　　在学习过程中，同学们将深入了解《中华人民共和国刑法》《中华人民共和国民用航空法》等现行有效的法律法规，掌握相关犯罪行为的法律责任与处罚规定。通过案例分析、法律解读等方式，我们将共同探讨如何有效预防和打击民用航空刑事犯罪与非法干扰行为，为维护航空安全与秩序贡献智慧和力量。

导入案例9

案例描述：

在某国际机场，一名男子因不满航班延误，在登机口处大声喧哗，并试图强行闯入登机区域。机场安保人员迅速反应，将该男子控制并报警。随后，警方将该男子带离现场进行调查。经调查，该男子因涉嫌扰乱公共秩序和非法干扰民用航空安全被依法处理。

请思考并回答：

1. 什么是民用航空刑事犯罪？请举例说明。
2. 什么是非法干扰行为？该案例中男子的行为是否构成非法干扰？
3. 对于此类行为，我国法律是如何规制的？请列举相关法律条款。

项目一　民用航空刑事犯罪法律规制

任务一　了解民用航空刑事犯罪的定义和分类

一、定义

民用航空刑事犯罪是指违反国家刑事法律规定，危害民用航空安全，依法应受刑罚处罚的行为。这些犯罪行为涉及对民用航空器、设施、人员或运输过程的非法干预或破坏，严重威胁航空安全，可能导致严重的人员伤亡和财产损失。

二、分类

民用航空刑事犯罪主要包括但不限于以下几种。

（1）对在飞行过程中的民用航空器内的人员施加暴力，从而危害到飞行的安全。包括恐怖主义行为、劫持航空器等，可能导致严重后果甚至死亡。

（2）秘密携带炸药、雷管或其他违禁物品登上民用飞机，或者以虚假名称托运这些危险物品，从而威胁到航空安全。这种行为可能导致航空器损坏、爆炸或引发其他安全事故。

（3）航空公司违规运输危险物品，引发了重大的安全事故。这可能是由于公司管理上的缺陷、疏忽或者故意不遵守安全规则，导致了灾难性的结果。

（4）蓄意在运行中的民用飞机上安放危险物品或指使他人进行此类行为，足以对飞机造成破坏，并对飞行安全构成威胁。这种行为可能直接导致航空器损毁或人员伤亡。

（5）非法占有或故意破坏、转移正在使用的航空导航设备，从而危害到航空安全。这可能涉及破坏导航设施、通信设备或其他关键设备，导致飞行事故。

（6）集结人群扰乱民用航空站的正常运作。这种行为可能涉及大量人员非法聚集、破坏机场设施或干扰机场正常运行，严重影响航空安全。

（7）航空工作人员疏忽职责或违背操作规程，因而引发严重的飞行事故。这可能

涉及飞行员、机组人员或其他航空专业人员的失职行为，造成严重后果。

这些犯罪行为不仅违反国家刑事法律规定，也违反了民用航空安全的相关法规和国际公约。各国通常会制定严格的法律和规定来预防和打击这类犯罪行为，并对其进行刑事处罚，以确保民用航空运行的安全和顺利。

知识案例 38

案例描述：

在某国际航班上，一名乘客因不满航班服务，在飞行过程中擅自打开应急舱门，导致飞机紧急下降，严重威胁了飞行安全。事后，该乘客被警方控制并移交司法机关处理。

请思考并回答：

1. 什么是民用航空刑事犯罪？

2. 民用航空刑事犯罪主要有哪些类别？

3. 在本案中，乘客的行为构成何种民用航空刑事犯罪？请说明理由。

任务二　掌握民用航空刑事犯罪的法律规定和处罚

依据我国现行刑法规定，对民航安全构成威胁的犯罪行为及其刑罚主要规定在《中华人民共和国刑法》的分则第二章"危害公共安全罪"中，涵盖了破坏交通工具罪、破坏交通设施罪、劫持飞机罪、危害飞行安全罪、重大飞行事故罪等罪名。

一、破坏交通工具罪

《中华人民共和国刑法》第一百一十六条明确指出：破坏火车、汽车、电车、船舶、飞机等交通工具，达到足以令这些交通工具面临翻覆、损坏的风险，但尚未导致严重后果的，将被判处三年以上十年以下有期徒刑。该条款中的"飞机"同样涵盖了民用航空器。飞机本身的安全是航空安全的前提与保障，因此刑法对破坏飞机的行为予以严厉打击。

二、破坏交通设施罪

《中华人民共和国刑法》第一百一十七条指出：破坏铁路轨道、桥梁、隧道、公路、机场、航线、灯塔、指示标志或进行其他类似的破坏行为，导致火车、汽车、电车、船舶、飞机面临翻覆、损坏的风险，但尚未导致严重后果的，将被判处三年以上十年以下有期徒刑。机场是飞机起飞与降落的场所，机场安全是航空安全的重要组成部分。

三、劫持飞机罪

《中华人民共和国刑法》第一百二十一条规定：采用暴力、威胁或其他手段非法控制飞机，将被判处十年以上有期徒刑或无期徒刑；若造成人员重大伤亡、死亡或飞机遭受严重破坏，被判处死刑。劫持飞机行为指的是通过暴力手段控制飞机，迫使飞机改变原定航线，飞往劫持者指定的目的地，以实现其特定目的。作为一种严重的犯罪行为，我国刑法对于劫机规定了严厉的刑罚，打击劫机犯罪已经成为保障民航安全的首要任务。

四、危害飞行安全罪

《中华人民共和国刑法》第一百二十三条明确指出：对正在飞行的飞机上的人员实施暴力，危害到飞行安全，但尚未导致严重后果的，将被判处五年以下有期徒刑或拘役；如果造成了严重后果，将被判处五年以上有期徒刑。对于乘客在飞行过程中，出于除故意劫机以外的其他目的，以暴力危及航空安全的行为，法律特别规定了本条。

五、重大飞行事故罪

《中华人民共和国刑法》第一百三十一条指出：航空工作人员若违反操作规程，

导致重大飞行事故，并产生严重后果的，将被判处三年以下有期徒刑或拘役；若造成飞机失事或人员伤亡的，将面临三年以上七年以下有期徒刑。本条是针对航空人员规定的，类似于地面上的交通肇事。

六、非法携带或托运违禁物品罪

《中华人民共和国刑法》第一百三十条明确指出：私自携带枪械、子弹、受管制的刀具，或是爆炸物、易燃物、放射性物质、有毒物质、腐蚀性物品，进入公共场合或公共交通工具，从而危害公共安全，若情节严重，将被判处三年以下有期徒刑、拘役或管制。

七、聚众扰乱民用机场秩序罪

《中华人民共和国刑法》第二百九十一条指出：纠集人群扰乱火车站、港口、民用机场、购物中心、公园、电影院、剧院、展览会、运动场馆或其他公共场合的秩序，或集体阻塞交通及破坏交通秩序，并且抗拒或阻挠国家治安管理人员依法履行职责，若情节严重，主要分子将被判处五年以下有期徒刑、拘役或管制。

知识案例 39

案例描述：

　　某航班的机长因个人恩怨，故意在飞行过程中改变航线，意图将飞机飞往境外。机组人员发现后，立即采取措施并向地面管制部门报告。地面管制部门迅速协调，最终成功引导飞机安全返回。事后，该机长被依法逮捕并移送司法机关处理。

请思考并回答：

　　1. 机长的行为构成何种民用航空刑事犯罪？请简述其构成要件。

　　2. 对于这类违法行为，我国法律是如何规定相应的处罚措施的？

　　3. 在本案中，为何机长的行为被视为极其严重的？

项目二　民用航空非法干扰行为法律规制

任务一　理解非法干扰行为的概念和危害

一、非法干扰行为的概念

总体而言，非法干扰活动是指那些可能威胁民用航空安全与秩序的行为。

详细来说，民用航空非法干扰活动是指违背航空安全相关规定，对民用机场、航空器的运行安全或秩序，以及相关人员的生命和财产安全构成或可能构成威胁的行为。这类行为可能是蓄意为之，也可能是无意造成的。这些行为包括但不限于恶意干扰飞机的正常起降、飞行过程中的干扰、操纵飞机设备或系统、非法侵入机场或飞机等。非法干扰行为严重威胁民航安全，不仅可能导致飞行事故和人员伤亡，还会对航空运输系统的正常运行造成严重影响。

非法干扰的具体表现包括但不限于以下几点。

（1）未获许可擅自进入飞机、机场或航空设施区域。例如，强行进入飞机、机场或航空设施区域。这种行为可能会导致航空器的驾驶舱被闯入，或者航空器被拦截。

（2）对飞机、机场或航空设施实施破坏、损害或扰乱行为。例如，偷盗、蓄意破坏、私自移动飞机上的设备或机场内的其他航空设施，以及在飞行中的飞机上强行打开紧急出口。这类行为可能危及飞机的安全。

（3）干扰航空器的正常操作，如通过无线电干扰、激光照射等方式。这种行为可能会干扰航空器的导航系统或其他重要设备的正常运行。

（4）在航空器上制造恐慌或混乱，如散布虚假的安全信息。这种行为可能会引起恐慌，危及航空器上人员和地面人员的安全。

（5）携带危险物品或违禁物品乘坐航空器。这种行为可能会对航空安全产生严重威胁。

（6）在航空器内使用火种、吸烟。这种行为可能会引发火灾，威胁航空器的安全。

这些行为都是非法的，并且可能导致严重的法律后果，包括刑事处罚和民事赔偿。为了维护航空安全，各国都制定了严格的法律和规定来预防和打击非法干扰行为，并采取各种措施来加强航空安全管理和监管。

二、非法干扰行为的危害

非法干扰行为对民用航空安全构成了严重威胁，其危害主要表现在以下几个方面。

（1）对航空器安全的直接威胁：非法干扰行为，如破坏航空器设备、操纵飞机系统或携带危险物品，可能导致航空器失去控制、发生爆炸、起火等严重后果，直接威胁乘客和机组人员的生命安全。

（2）对航空秩序的破坏：非法干扰行为可能导致航班延误、取消或改道，给航空公司和乘客带来巨大的经济损失和不便。同时，这些行为也会破坏航空运输系统的正常运行秩序，影响其他航班的安全和准时性。

（3）对社会安全的影响：非法干扰行为不仅影响航空安全，还可能引发社会恐慌、产生社会不安定因素。例如，恐怖主义行为或劫持航空器事件可能导致社会恐慌和公众对航空安全的担忧，影响社会稳定和发展。

（4）对国家安全的威胁：非法干扰行为往往与恐怖主义、极端主义等违法犯罪活动相关联，这些举动可能严重威胁到国家的主权、安全与稳定。国家需要采取有效措施打击和预防这些非法干扰行为，维护国家的安全和稳定。

为了应对非法干扰行为的威胁，各国政府和国际组织加强了航空安全管理和监管，采取了多种措施，如加强安全检查、提高航空安保水平、加强情报收集和风险评估等，以确保航空安全和社会稳定。

三、非法干扰行为的法律责任

（一）法律责任的构成要件

构成法律责任的要件包括违法事实、责任人和责任的承担。在民用航空领域，责任主体通常是行为人本人，但也有可能是国家。如果行为人经由国家或政府正式授权实施非法干扰行为，那么国家也可能面临国家责任。国家责任的客观要件是指一个国家的行为未达到国际义务所规定的标准，即违反了国际义务，不论这些义务的来源或性质如何。

（二）法律责任的详细规定

依据《中华人民共和国民用航空法》的修订草案，明确指出了 14 种可能破坏民用航空安全和秩序的违法行为，如在飞机上违规使用手机、吸烟、强行占据座位或值机柜台等。对于那些尚未达到刑事处罚标准，或根据《中华人民共和国治安管理处罚法》无法处理的违法行为，将依照《中华人民共和国治安管理处罚法》的相关规定予以处罚，对于特别严重的情况，罚款金额可提高至 5 万元。

（三）法律责任的实施与监督

对于旅客的非法干扰行为，执法机关要严格执法，加大惩戒力度，对旅客的非法干扰行为绝不姑息迁就。相关单位要建立行业联动机制，完善旅客信用制度。若一个国家认可并视某行为为其自身的行动，且该行为违背了国际义务，则该国必须承担相应的国际责任。这要求各国之间进行主动的协商，以寻找解决非法干扰行为争议的合理方法。

总的来说，民用航空非法干扰行为的法律责任是严肃而明确的。不论是个人还是国家，都应对自己的行为承担责任。同时，执法部门也需强化执法力度，保障法律得到有效执行。

知识案例 40

案例描述：

在某国际机场，一名旅客因航班延误而心生不满，在候机大厅内大声喧哗并随意损坏公共设施，还试图冲击安检区域。机场工作人员和安保人员迅速采取措施，将该旅客控制并报警。最终，该旅客因非法干扰民用航空安全秩序被公安机关依法处理。

请思考并回答：

1. 非法干扰行为的定义是什么？

2. 该案例中旅客的行为是否构成非法干扰行为？请说明理由。

3. 非法干扰行为有哪些危害？请至少列举三点。

4. 针对非法干扰行为，我国法律是如何规定的？请列举相关法律依据。

任务二　掌握非法干扰行为的法律规定和预防及应对措施

一、非法干扰行为的有关法律规定

非法干扰行为在民用航空领域受到严格的法律约束，其中有明确的相关法律规定的如下。

1.《中华人民共和国刑法》

第一百一十六条明确规定：若破坏火车、汽车、电车、船舶、飞机等交通工具，导致它们面临翻覆或损坏的风险，但未引起严重后果，将被判处三年至十年有期徒刑。

第一百一十七条：破坏轨道、桥梁、隧道、公路、机场、航道、灯塔、标志或者进行其他破坏活动，足以使火车、汽车、电车、船舶、飞机发生倾覆、毁坏危险，尚未造成严重后果的，处三年以上十年以下有期徒刑。

2.《中华人民共和国民用航空法》

第一百九十四条：公共航空运输企业的工作人员由于严重不负责任，造成飞行事故，若造成人员伤亡或导致国家资产遭受严重损害，将依据《中华人民共和国刑法》相关条款追究法律责任。

第一百九十六条：蓄意散布不实信息，破坏飞行的正常进行，并对公共或私人财产造成严重损失的，将依法追究其刑事责任。

3.《中华人民共和国治安管理处罚法》

第四十二条：针对通过书信或其他方式威胁他人生命安全、公开侮辱他人、编造虚假事实进行诽谤，或捏造事实诬告他人等行为，将受到不超过五天的行政拘留或不超过五百元的罚款；若情节较为严重，将受到五至十天的行政拘留，并可能附加不超过五百元的罚款。

4.《中华人民共和国反恐怖主义法》

明确了预防和应对恐怖主义行为的策略，包括情报信息、调查、应对处置、资金监管、技术防范、国际合作等方面的内容，以打击和预防恐怖主义行为。

除此之外，若干国际条约和协定，例如《东京公约》《海牙公约》《蒙特利尔公约》等，同样涵盖了对非法干预行为的法律约束和国际协作。

需要注意的是，具体的法律规定可能因国家和地区而异，而且法律解释和应用也可能因案件的具体情况和法院的判断而有所不同。在处理涉及非法干扰行为的案件时，建议咨询当地法律专业人士以获取准确的信息和指导。

二、预防非法干扰行为发生的措施

预防非法干扰行为的发生需要多方面的努力和措施。以下是预防非法干扰行为发生的一些建议。

（一）提升航空安全防护力度

航空公司和机场应加强对乘客和行李的安全检查，确保没有危险物品或违禁物品进入航空器。增强飞机的安全装置和设备的保养，保障飞机在遇到紧急状况时能够及时作出反应。提高机组人员的安保意识和应对能力，确保他们能够在紧急情况下迅速采取适当措施。

（二）强化情报搜集和风险分析工作

政府部门和安全机构应加强情报收集工作，及时了解和掌握可能的非法干扰行为的风险信息。对航空运输系统进行风险评估，识别潜在的安全隐患和薄弱环节，并采取相应的措施加以改进。

（三）提升公众教育和宣传工作

提高公众对非法干扰行为的认知和意识，让他们了解这些行为的严重性和后果。通过媒体、宣传栏、宣传册等多种渠道向公众宣传航空安全知识，提醒公众遵守航空安全规定。

（四）构建高效的通报和响应体系

建立非法干扰行为的报告渠道和机制，鼓励公众积极报告可疑行为。对报告的非法干扰行为进行及时调查和处理，确保事件得到妥善处理并防止类似事件再次发生。

（五）加强国际合作

加强与其他国家和地区的合作，共同打击和预防非法干扰行为。分享情报信息、经验和做法，共同提高航空安全水平。

（六）加强科技应用

采用尖端科技方法，例如，运用人工智能和大数据分析技术，增强航空安全防护的技术能力。通过科技手段加强对航空器、机场和乘客的监控和管理，提高安保效率。

综上所述，预防非法干扰行为的发生需要政府、航空公司、机场、公众和社会各方面的共同努力和配合。通过加强安保措施、情报收集、宣传教育、报告应对、国际合作和科技应用等多方面的措施，可以有效降低非法干扰行为的发生概率，确保航空安全和社会稳定。

三、应对非法干扰行为发生的措施

（一）增强公众对法律的认知和理解

公民应了解非法干扰行为的危害性和法律责任，知道什么是合法的、什么是非法的，从而在遇到非法干扰行为时能够及时报警并配合警方调查。

（二）提升个体的自我保护意识

公民应提高自我保护意识，尤其是在公共场所，要注意个人物品的安全，不轻易透露个人信息，遇到可疑人物或行为要及时报警。

（三）保持警觉

在日常生活中要保持警觉，注意观察周围的环境和人物，发现可疑情况要及时报告。

（四）促进国际协作

非法干预行为具有跨国性，需全球共同体携手应对。我国应积极参与国际反恐合作，与各国加强信息交流和经验分享，共同应对全球性恐怖主义和极端主义的挑战。

（五）增强执法的效能

执法部门应提升执法效率，对非法干扰行为进行严厉打击，严惩犯罪分子，以起到威慑作用。此外，还应重视对民众的法律教育，增强他们的法治观念和自我防御能力。

知识案例 41

案例描述：

在某国际机场，一名旅客因对航班安排不满，试图携带违禁品通过安检区。安检人员发现后立即报警，公安机关迅速介入，对该旅客进行了调查处理。经调查，该旅客携带的违禁品为管制刀具，具有潜在的危险性。最终，该旅客因违反民用航空安全管理规定，被依法予以行政处罚。

请思考并回答：

1. 对于非法携带违禁品通过安检区的行为，我国法律是如何规定的？

2. 该旅客的行为可能构成何种非法干扰行为？请分析其行为性质和后果。

3. 为预防类似非法干扰行为的发生，机场和航空公司应采取哪些措施？

4. 如果旅客拒不配合安检工作，应如何处理？

知识拓展

国内外涉及"民用航空刑事犯罪与非法干扰行为法律规制"的主要法律依据

1. 国内

（1）《中华人民共和国刑法》：这部法律包含了对涉及民用航空的刑事犯罪行为的明确规定，如危害飞行安全罪、劫持飞机罪等。它界定了犯罪行为的范畴、刑事责任和相应的法律惩处。

（2）《中华人民共和国民用航空法》：该法针对民用航空活动中的违法行为进行了详细的法律规制。在其中，关于刑事违法与非法干预行为的条款，例如蓄意破坏正在使用的飞行器、故意传播错误信息扰乱飞行秩序、盗窃或故意损坏导航设备等行为，都已明确指出了相应的法律后果。

（3）《中华人民共和国治安管理处罚法》：对于那些未达到刑事犯罪标准的非法干预行为，该法律提供了依据，以便进行治安管理上的处罚。例如，对于扰乱民用机场秩序、不听从机场工作人员或机组成员指示等行为，可以依据该法进行处罚。

2. 国际

（1）《国际民用航空公约》：该公约是国际民用航空领域的基础性法律文件，其中也包含了对涉及民用航空的刑事犯罪与非法干扰行为的规制。各签约国必须依据公约的规定，制定相应的国内法规以落实这些条款。

（2）《制止危害民用航空安全的非法行为公约》：该公约专注于针对威胁民用航空安全的违法行为，其目的在于通过跨国协作来抑制这些犯罪活动。它规定了各缔约国在预防、打击和惩治这类犯罪方面的义务和责任。

此外，还需要注意，随着国际民航领域的不断发展和变化，相关的国际公约和国内法律也会进行修订和更新。

单元题库

民用航空争议解决与法律救济的法律规制

>>> >>> 单元十

在民用航空领域，随着航空活动的日益频繁和复杂化，各类争议与法律纠纷也随之增多。如何妥善解决这些争议，保障各方当事人的合法权益，是航空法律规制的重要任务之一。本单元将深入探讨民用航空争议解决与法律救济的法律规制问题，旨在为读者提供全面的法律指引和解决方案。

通过学习本单元，同学们将掌握民用航空争议解决与法律救济的基本原则和法律规定，了解不同解决方式的优缺点和适用场景，提升解决实际问题的能力。同时，我们也将结合具体案例进行分析和讨论，使同学们更好地理解和应用所学知识。

导入案例 10

案例描述：

> 由于航班推迟，某航空公司造成多名旅客在机场长时间等待。乘客们对航空公司的处理方式和补偿措施表示不满，认为航空公司未能妥善安排和解释延误原因，侵犯了他们的合法权益。乘客们向航空公司提出投诉，要求给予合理的解释和补偿，但双方未能达成一致。随后，部分乘客选择通过法律途径解决争议，向法院提起诉讼。

请思考并回答：

> 1. 当乘客与航空公司发生争议时，有哪些法律途径可以用于解决争议？
>
> 2. 在本案例中，乘客选择通过法律途径解决争议，他们应该准备哪些证据材料来支持自己的诉求？
>
> 3. 如果乘客最终胜诉，航空公司可能面临哪些法律责任？

项目一　民用航空争议解决与法律救济概述

任务一　了解民用航空争议解决与法律救济的概念、特点和意义

一、民用航空争议解决

（一）民用航空争议解决的概念

民用航空争议解决的概念涉及民用航空领域，当各方之间出现分歧、冲突或纠纷时，采取一系列法律手段和方法来寻求公正、合理和有效的解决方案的过程。这些争议可能涉及航空运输、航空安全、航空器适航性、航空服务等多个方面。

在民用航空争议解决过程中，还可以参考国际公约、双边协议等国际法律文件，以及各国国内法律，为争议解决提供法律依据和参考。这些法律文件通常规定了民用航空领域的基本原则、规则和标准，有助于确保争议解决的公正性和合理性。

总之，民用航空争议解决是一个综合性的过程，旨在通过法律手段和方法解决民用航空领域中的分歧、冲突和纠纷，维护各方利益和国际航空秩序的稳定。

（二）民用航空争议解决的特点

（1）专业性：民用航空争议通常涉及高度专业化和技术化的领域，如航空器适航性、航空安全、航空运输规则等。因此，争议解决过程中需要依赖具有相关专业知识和经验的专业人士，如航空法专家、飞行技术人员等，以确保解决方案的科学性和合理性。

（2）国际性：民用航空争议往往涉及不同国家和地区之间的法律、规则和标准差异。因此，争议解决需要考虑国际法律框架和国际公约的适用，以及不同国家之间的法律协调和合作。这可能需要借助国际仲裁机构或国际法院等跨国法律机构来协助解决争议。

（3）复杂性：民用航空争议可能涉及多个利益方和复杂的法律关系，如航空公司、乘客、机场管理机构、政府部门等。这些利益方之间可能存在不同的利益诉求和权利义务关系，导致争议解决过程变得复杂和困难。因此，需要采取多种手段和方法来综合考虑各方利益，寻求公正、合理和可行的解决方案。

（4）保密性：民用航空争议可能涉及商业机密、个人隐私等敏感信息，需要保护相关方的合法权益和隐私。因此，在争议解决过程中需要采取严格的保密措施，确保相关信息不被泄露或滥用。

综上所述，民用航空争议解决具有专业性、国际性、复杂性和保密性等特点。这些特点要求争议解决机构和专业人士具备高度的专业素养和国际视野，能够灵活应对各种复杂情况，为各方提供公正、合理和有效的解决方案。

（三）民用航空争议解决的意义

航空争议解决的意义在于维护国际航空秩序的稳定，保障航空安全和正常运营，同时促进各国之间的航空合作和发展。

（1）保障国际航空的规范运作。借助高效的争端处理机制，能够维护国际航空领域的秩序与稳定。当各方之间出现争议时，及时、公正地解决这些争议可以避免混乱和冲突，维护国际航空运输市场的正常运作。

（2）确保航空的安全性。在民用航空领域，安全是至关重要的议题。通过争议解决机制，可以及时处理涉及航空安全的问题和纠纷，确保航空器的适航性和飞行安全，保护乘客和机组人员的生命安全。

（3）推动航空领域的协作与进步。民用航空争议解决机制有助于促进各国之间的航空合作和发展。通过协商、调解、仲裁等方式解决争议，可以增强各国之间的互信和合作，推动国际航空运输市场的繁荣和发展。

（4）确立法律保护和补偿机制。民用航空争议解决机制为各方提供了法律保障和救济途径。当一方遇到损害或侵害时，可依法寻求补偿和救济，以确保其合法权益得到维护。这有助于增强各方对国际航空法的信心，促进国际航空领域的法治建设。

总之，民用航空争议解决对于维护国际航空秩序、保障航空安全、促进航空合作和发展以及提供法律保障和救济途径具有重要意义。通过完善争议解决机制，可以为国际民用航空领域的持续健康发展提供有力支持。

二、法律救济

（一）法律救济的概念

（1）法律救济是一种制度，它允许公民、法人或其他组织在认为自己的合法权益遭受行政机关或其他主体的侵害时，根据法律的规定，向有管辖权的国家机关提出请求，以解决侵害问题并获得相应的补救措施。这种救济方式旨在恢复和补救受损的合法权益，确保公民、法人和其他组织的权益得到保障。

（2）法律救济途径主要包括行政复议、行政裁决、国家赔偿以及民事诉讼等。行政复议是指向更高级别的行政机关或法律规定的复议机关提出申请，要求对某一具体行政行为进行重新审查。行政裁决则是行政机关依法对平等主体间的民事纠纷进行审查并作出决定。国家赔偿是指当国家机关或其工作人员在执行职务过程中侵犯了公民、法人或其他组织的合法权益并造成损害时，由国家负责赔偿。民事诉讼是指公民、法人或其他组织在民事权益受损或与他人发生争议时，向人民法院提起诉讼，请求法院依法维护其合法权益。

（3）法律救济的特征体现在：受理机构的法定性，即只有获得法律授权的国家行政机关和人民法院有权接受并裁定案件；严格的受理条件和审理流程，任何超出受理范围或未遵循法定程序的申请都将被拒绝或导致法律后果；申请和起诉都有明确的时间限制，逾期申请可能不被接受或将面临不利后果。

总体而言，法律救济是保护公民、法人以及其他组织合法权益的关键手段，其目的是确保受损权益能够获得及时、公正且有效的补偿。

（二）法律救济的特点

（1）权能属性：法律救济属于法律关系中当事人所持有的派生权利，依附于主要权利。在主权利遭受侵害或未被履行时，当事人有权要求对方履行责任或对未履行或不当履行的责任寻求补救。

（2）补偿本质：法律救济的基础是权利遭受侵害，其核心目标在于修复受损的权利。通过消除行使权利的障碍，恢复权利的初始状态，或者在无法恢复原状的情况下，对受损害的利益进行补救，合理地补偿当事人所遭受的损失。

（3）法定受理机构：法律救济的受理机构必须依法设立，仅由获得法律授权的国家行政机关和人民法院负责接受并裁定案件。

（4）程序要求：法律救济遵循严格的受理条件和审理流程，任何超出受理范围或未遵守法定程序的申请都将被拒绝或导致法律责任。

（5）时效性：法律救济有明确的申请、起诉期限，逾期将不予受理或承担不利后果。

（6）法律效力：法律救济所作出的裁决具有法定效力，得到国家强制执行力的支持。

这些特点使得法律救济成为维护公民、法人和其他组织合法权益的有效手段，确保受损的权益得到及时、公正和有效的补救。

（三）法律救济的意义

（1）维护公正与公平。法律救济作为一种司法救济制度，其首要意义在于保障公平正义。它为受到侵害的公民、法人或其他组织提供了救济途径，帮助他们恢复和补救受损的合法权益，确保他们在法律面前得到平等对待。

（2）保持社会的平稳与和谐。通过法律救济，可以有效化解社会矛盾和纠纷，减少社会冲突和对抗。当个人的、公司的或其他团体的合法权利受损时，他们可以通过司法手段来追求补偿，可以避免采取非法手段或暴力方式解决问题，从而维护社会的稳定和和谐。

（3）推动法治进程。法律救济在法治发展中扮演着关键角色。通过完善法律救济制度，可以推动法治的进程，提高法律制度的公正性和权威性。此外，法律救济还能提升公众的法治意识，强化法律观念，推动社会形成尊重法律、遵守法律、运用法律的积极环境。

（4）保障个体权利与人权。法律救济机制展示了国家对公民基本法律权利的实际维护。它为弱势群体提供了法律援助和支持，帮助他们维护自身权益，防止因经济困难或其他因素而无法获得有效法律救济的情况发生。这有助于保护个人的合法权益和人权，促进社会的公平和正义。

综上所述，法律救济的意义在于保障公平正义、维护社会稳定和和谐、促进法治建设以及保护个人权益和人权。它是保障社会公平正义和法律实施的关键措施，对于实现全面依法治国、构建社会主义法治国家具有深远的影响。

知识案例 42

案例描述：

　　乘客张先生在乘坐某航空公司航班时，因行李损坏与航空公司产生争议。张先生认为航空公司应当对自己的行李损失负责，并要求赔偿。航空公司则表示，行李损坏可能是由于多种原因造成，不一定是其责任，因此拒绝赔偿。双方多次协商无果，张先生决定通过法律途径解决争议。

请思考并回答：

　　1. 什么是民用航空争议解决？它包含哪些主要方式？

　　2. 法律救济在民用航空争议解决中扮演怎样的角色？

　　3. 民用航空争议解决与法律救济的意义是什么？

任务二　掌握民用航空争议解决与法律救济的基本原则和途径

一、原则

　　民用航空争议解决与法律救济的基本原则主要包括以下几个方面。

　　（1）公正性原则：在解决争议和提供法律救济时，公正是根本的准则。在民用航空争议中，各方当事人应受到公平对待，其权益应得到平等保护。争议解决机制应确保各方当事人有平等的机会陈述自己的观点和提供证据，确保裁决的公正性。

　　（2）效率性原则：由于航空运输的特殊性质，争议解决和法律救济过程需要高效、迅速。各方当事人应尽快获得争议解决的结果，以减少纠纷对航空运输正常秩序的影响。因此，争议解决机制应设计得简单、高效，以便快速解决争议。

　　（3）合法性原则：争议的解决和法律救济的程序及其结果都应当遵循法律的规范。争议解决机制应依据适用的法律规则和国际公约进行，确保裁决的合法性。同时，各

方当事人也应遵守法律义务，不得违反法律规定。

（4）专业性原则：民用航空争议涉及高度专业化的领域，需要具备相关专业知识和经验的人员参与。因此，争议解决机制应注重专业性，由具备航空法律、技术等方面专业知识的专家参与争议解决过程，确保裁决的准确性和专业性。

（5）保密性原则：在民用航空争议解决和法律救济过程中，涉及的商业机密和个人隐私应得到保护。争议解决机制应采取适当的保密措施，确保争议解决过程的保密性，以保护当事人的合法权益。

这些基本原则构成了民用航空争议解决与法律救济的基础，指导着争议解决机制的设计和运行，以确保公正、高效、合法、专业和保密的争议解决过程。

二、途径

民用航空争议解决与法律救济的途径主要包括以下几种。

（一）协商

协商是争议双方通过友好沟通，寻求互利共赢的解决方案的过程。在协商过程中，双方可以充分表达意见，明确各自的权利和义务，并努力达成共识。

（二）调解

调解是一种非正式的争端处理方法，通常涉及一个公正的第三方来帮助争议双方达成共识。调解结果通常比较灵活，更加符合争议双方的实际需求。

（三）仲裁

仲裁是一种正式的争议解决机制，由独立的仲裁庭根据争议双方的请求作出最终裁决。争议双方可以选择具备相关行业知识和经验的仲裁员，这样能更好地解决复杂的技术和专业问题。仲裁庭作出的裁决具有法定效力，双方当事人必须予以遵循。仲裁通常更加快速、灵活和保密，因此在民用航空争议解决中广泛使用。

（四）诉讼

诉讼是指将争议提交至法院解决的诉讼程序。在民用航空领域，诉讼通常用于处理严重的争议，如事故责任、知识产权纠纷和违约行为等。诉讼程序包括提交起诉状、提出答辩状、证据交换、开庭审理等，最终由法院作出判决。裁定具有强制性的执行效力，能够保障争议得到公平的处理。

（五）专家意见和鉴定

在某些复杂的航空争议中，可能需要请专家提供意见或进行鉴定。专家可以是航空领域的专家、技术顾问或学者，他们可以提供专业意见，帮助解决争议。

（六）行业自律和调解组织

航空业通常有一些自律组织和调解组织，如国际航空运输协会（IATA）等。这些组织可以提供争议解决服务，包括调解、仲裁和专家意见等。

在选择争议解决途径时，争议双方应根据具体情况和争议性质进行选择。通常，协商和调解是解决争议的首选方式，因为它们更加快速、灵活且成本较低。如果协商和调解无法解决问题，双方可以考虑仲裁或诉讼等更加正式的方式。无论选择哪种方式，都应确保争议得到公正、合法和高效的解决。

知识案例 43

案例描述：

乘客李女士在乘坐某国际航班时，因座位调整与邻座乘客王先生发生争执。争执中，王先生不慎损坏了李女士的手提电脑。双方就赔偿事宜协商无果，李女士决定通过法律途径解决纠纷。

请思考并回答：

1. 在民用航空争议解决中，应遵循哪些基本原则？

2. 李女士可以选择哪些途径来解决这一争议？

3. 在选择法律救济途径时，李女士需要考虑哪些因素？

项目二　民用航空争议解决机制

任务一　了解协商、调解、仲裁和诉讼等争议解决方式的特点和适用范围

一、协商的特点和适用范围

（1）自愿性：协商的整个过程基于双方的自愿参与。任何一方都有权决定是否进入协商程序，以及协商的具体内容和方式。双方必须自愿同意协商的结果，不允许任何一方在压力下接受条件。

（2）非对抗性：协商的本质在于通过友好沟通和交流，寻找共同点和解决方案。它避免了直接对抗和冲突，有助于维持双方的良好关系。协商的气氛通常是轻松和合作的，而不是紧张和敌对的。

（3）灵活性：协商的过程和结果都具有很大的灵活性。双方可以根据实际情况和自身需求，随时调整协商的方向和策略。协商的结果也可以是多种多样的，可以是完全按照一方意愿的解决方案，也可以是双方共同妥协的产物。

（4）成本低：相比其他争议解决方式，如仲裁或诉讼，协商的成本通常较低。它不需要支付专家费用、仲裁费用或诉讼费用，也不需要投入大量的时间和资源。协商的结果通常也更容易得到执行，因为双方都是自愿参与的。

（5）保密性：协商通常在私下进行，不需要公开披露争议的细节和解决方案。这有助于保护双方的商业机密和个人隐私，避免对双方形象和商业利益造成不良影响。

（6）促进合作：通过协商解决问题，有助于增进双方的理解和信任，促进未来的合作。协商的结果通常是双方都能接受的，因此它不会破坏双方的关系，反而可能为未来的合作奠定良好的基础。

总的来说，协商是一种快速、低成本、非对抗性的争议解决方式，特别适用于争议双方有合作意愿和共同利益的情况。然而，它也存在局限性，如双方无法达成共识或争议问题过于复杂等，这时可能需要考虑其他争议解决方式。

二、调解的特点和适用范围

（1）自愿性：调解同样基于双方自愿参与的原则。调解过程开始之前，双方需要明确表达愿意，通过调解解决争议的意愿。调解达成的协议也必须是双方自愿同意的，不允许存在任何一方在强迫下接受的情形。

（2）非对抗性：与协商类似，调解也强调通过友好、合作的方式解决问题。调解员会帮助双方理解对方的立场和需求，促进双方的沟通和交流，以达成和解。这种非对抗性的方式有助于维护双方的关系，促进未来的合作。

（3）灵活性：调解过程展现出高度的灵活性。调解员可以根据双方的实际情况和需求，灵活调整调解的方式和程序。调解的结果也可以是多种多样的，可以是完全按照一方意愿的解决方案，也可以是双方共同妥协的产物。

（4）保密性：调解过程通常也是保密的，这有助于保护双方的商业机密和个人隐私。调解的结果也不需要公开披露，有助于维护双方的声誉和商业利益。

（5）成本效益：相比诉讼等争议解决方式，调解通常具有较低的成本。调解过程相对简单、快速，不需要支付高额的诉讼费用或律师费用。调解的结果往往更容易被执行，因为双方均是出于自愿参与调解过程。

调解适用于多种情形，尤其适用于以下场景。

（1）民事纠纷：调解是解决民事纠纷的一种常见方式，包括合同纠纷、邻里纠纷、家庭纠纷等。

（2）商业争议：在商业领域，调解可以用于解决各种商业争议，如贸易纠纷、知识产权纠纷等。

（3）社区争议：社区内的争议，如邻里关系、公共设施使用等，也适合通过调解解决。

不过，应当留意的是，调解并不适用于每一种情形。例如，当争议涉及严重的违法行为或涉及公共利益时，可能需要通过诉讼等方式解决。此外，如果双方无法达成共识或调解过程无法取得进展，也需要考虑其他争议解决方式。

三、仲裁的特点和适用范围

仲裁作为一种争议解决方式，具有以下特点。

（1）自愿原则：仲裁程序建立在双方当事人自愿的基础上。争议发生后，当事人可以自愿选择是否将争议提交仲裁，同时可以选择仲裁机构、仲裁员以及适用的仲裁规则等。仲裁的裁决同样需要基于双方自愿接受的共识。

（2）专业性：仲裁通常涉及特定领域的专业问题，因此仲裁员通常具有相关领域的专业知识和经验。这使得仲裁能够更准确地理解和解决争议，并提供专业的裁决。

（3）自主性：仲裁机构与行政机关及其他组织保持独立，仲裁员同样与争议双方保持中立。这种做法确保了仲裁裁决的公平性和中立性，排除了任何外来影响。

（4）保密性：仲裁过程通常具有保密性，仲裁裁决一般不公开。这有助于保护当事人的商业机密和个人隐私。

（5）终局性：仲裁裁决一经作出，即为最终裁决，对双方当事人具有法律上的约束力。除非有法律规定的情形，当事人不得针对同一争议再次申请仲裁或向法院提起诉讼。

仲裁的适用范围主要如下。

（1）合同纠纷：仲裁是解决合同纠纷的一种常见方式，特别是涉及国际或跨国的合同纠纷。

（2）财产权益争议：仲裁同样适用于处理其他类型的财产权益争议，包括但不限于知识产权争议、股东权益争议等。

（3）特定类型的非合同纠纷：虽然仲裁主要适用于合同纠纷，但在某些情况下，也可以适用于特定类型的非合同纠纷，如侵权纠纷等。

应当留意的是，仲裁并不适用于所有类型的纠纷。例如，与个人关系相关的争议（如婚姻、领养、监护、赡养、继承等）通常不通过仲裁来解决。此外，某些特定类型的纠纷可能由法律规定，不适用仲裁，如劳动争议和农村土地承包合同纠纷等。在选择仲裁作为争议解决方式时，当事人应仔细考虑其适用性，并遵守相关法律法规的规定。

四、诉讼的特点和适用范围

诉讼，通常指法律诉讼，是一种通过法院解决争议的方式。以下是诉讼的特点。

（1）正规性：诉讼是在法庭正式场合下进行的，必须遵循严谨的程序和规定。

（2）强制执行力：诉讼裁决具有法律上的强制执行力，一旦裁决确定，当事人必须予以执行。

（3）公开原则：除非涉及国家秘密、个人隐私等特殊情况，诉讼的程序和裁决结果通常是对外公开的。

（4）中立性原则：法院作为中立的第三方，对争议进行公正的审理和裁决。

（5）成本较高：诉讼通常涉及律师费、诉讼费、证据收集等成本，成本相对较高。

诉讼的适用范围主要包括：

（1）合同纠纷：当合同双方出现争议时，可以通过诉讼解决。

（2）侵权行为：包括侵犯知识产权、造成人身伤害等情形。

（3）刑事犯罪：涉及刑事犯罪的案件，如盗窃、诈骗等，必须通过诉讼由法院进行审判。

（4）家庭法律事项：如离婚、子女抚养权、财产分割等。

（5）行政纠纷：个人、公司或其他团体若认为行政机关的具体行政措施侵害了他们的合法权益，同样可以向法院提起行政诉讼。

尽管诉讼具有解决争议的最终权威性，但因其成本较高、程序复杂，在诉诸法庭之前，当事人往往会考虑其他的争议解决方法，例如通过直接协商、调解或者仲裁来解决问题。在决定是否采取诉讼方式解决争议时，当事人应权衡各种因素，包括争议的性质、成本、时间以及可能的结果等。

知识案例 44

案例描述：

乘客赵先生在乘坐某航空公司航班时，因航班延误导致行程受阻，与航空公司就赔偿问题产生争议。赵先生希望尽快解决争议并获得合理赔偿，但对不同的争议解决方式不太了解。

请思考并回答：

1. 协商、调解、仲裁和诉讼这四种争议解决方式各有什么特点？

2. 这些争议解决方式分别适用于哪些情况？

3. 赵先生应该如何选择适合自己的争议解决方式？

任务二　掌握各种争议解决方式的程序和技巧

一、协商程序和技巧

协商程序和技巧在解决争议中起着重要作用，以下是一些建议的协商程序和技巧。

（一）协商程序

1. 准备阶段

（1）收集信息：收集与争议相关的所有信息，包括合同、通信记录、付款细节等。

（2）明确立场：了解你的权益和对方的权益，明确自己的底线和期望结果。

（3）制定策略：基于收集的信息和争议的性质，制定协商策略。

2. 建立联系

（1）选择合适的时间：确保在双方都能集中注意力、情绪稳定的时候进行协商。

（2）选择合适的地点：选择一个安静、私密、不受干扰的地点进行协商。

3. 协商阶段

（1）明确表达：清晰、直接地表达你的立场和需求。

（2）倾听对方：给对方充分表达意见和需求的机会。

（3）探索共同利益：寻找双方的共同利益，这有助于建立共识。

4. 达成协议

（1）记录协议：将达成的协议详细记录下来，包括具体的行动步骤和时间表。

（2）明确责任：确保每个参与者都清楚自己的责任和义务。

5. 后续跟进

（1）监督执行：确保协议得到执行，如有必要，进行后续沟通和跟进。

（2）评估与反馈：评估协商的效果，收集反馈，以便在将来的协商中改进。

（二）协商技巧

（1）保持冷静：在协商过程中保持冷静和理性，避免情绪化。

（2）尊重对方：尊重对方的观点和立场，这有助于建立信任和共识。

（3）灵活应变：在协商中保持灵活性，愿意调整自己的立场以适应对方的需求。

（4）明确沟通：确保沟通清晰、明确，避免使用模糊或含糊不清的表达。

（5）使用"我"语言：用"我觉得""我需要"等表达方式，避免指责或攻击对方。

（6）准备妥协：在必要时准备好妥协，以达成双方都能接受的协议。

（7）利用中立第三方：如有需要，可以寻求专业调解员或律师的协助，以促进协商的顺利进行。

通过遵循这些协商程序和技巧，可以更有效地解决争议，达成双方都满意的协议。

二、调解程序和技巧

调解程序和技巧在解决争议中同样扮演着重要的角色。以下是一些建议的调解程序和技巧。

（一）调解程序

1. 准备阶段

（1）了解案情：详细了解争议的背景、涉及的法律关系和争议点。

（2）确定调解员：选择具备专业知识和经验的调解员，并确保其公正性。

（3）告知当事人：向当事人发送调解通知，通知中要指明调解的日期、地点及调解员的资格。

2. 调解程序启动

（1）介绍调解员和调解程序：调解员向当事人介绍自己的身份和调解程序。

（2）听取双方意见：让双方当事人充分陈述自己的立场、诉求和证据。

3. 调解过程

（1）调解员及程序介绍：调解员需向当事人说明自己的角色和调解的步骤。

（2）促进对话：鼓励双方当事人进行开放、诚实的对话，寻找共同点和解决方案。

（3）提供建议：调解员根据案情和法律规定，提出解决方案。

4. 达成协议

（1）记录协议：将双方达成的协议详细记录下来，包括具体的行动步骤和时间表。

（2）确认协议：确保双方当事人充分理解并同意协议内容。

5. 后续跟进

（1）监督执行：调解员可以监督协议的执行情况，确保双方履行约定。

（2）反馈与评估：收集当事人对调解过程和结果的反馈，评估调解效果，以便不断改进。

（二）调解技巧

（1）维持公正：调解员应持续保持公正的态度，不对任何一方有所偏袒。

（2）积极倾听：认真倾听双方当事人的诉求和意见，理解他们的立场和需求。

（3）促进沟通：通过提问、引导等方式，帮助双方当事人更好地沟通和交流。

（4）寻找共同点：关注双方当事人的共同利益和目标，寻找解决问题的共同点。

（5）灵活应变：根据案情和当事人的反应，灵活调整调解策略和方法。

（6）重视当事人的自主意愿：充分尊重争议双方的意愿与决定，不得迫使任何一方接受调解的结论。

（7）提供法律建议：在合法范围内，为当事人提供法律建议和指导，帮助他们更好地维护自己的权益。

通过遵循这些调解程序和技巧，调解员可以有效地促进双方当事人的对话和协商，帮助他们达成和解协议，解决争议。同时，调解员也应注意保护当事人的隐私和尊严，确保调解过程公正、透明和高效。

三、仲裁流程和技巧

仲裁流程是一种通过独立的第三方来解决争议的程序，以下是一些常见的仲裁流程和技巧。

（一）仲裁流程

（1）递交仲裁请求：当事人须向仲裁委员会递交仲裁请求书，其中需详细说明争议的具体内容、理由以及所依赖的证据。

（2）仲裁员的选定：依据仲裁委员会的规定，当事人有权从提供的仲裁员名单中挑选仲裁员，或根据双方的协议直接指定仲裁员。

（3）组成仲裁庭：一旦仲裁员选定，他们将组成仲裁庭并开始审理案件。仲裁庭依据双方所呈交的证据、陈述和相关法律，对争议事项进行审理并作出裁定。

（4）进行听证会：仲裁庭会安排听证会，让双方当事人有机会亲自陈述案件、提供证据和反驳对方的观点。

（5）裁定：听证程序结束后，仲裁庭依据所呈证据和适用法律进行判决。该判决一般具有最终效力，并对双方当事人具有强制执行力。

（6）裁决执行：若一方当事人未执行裁决，另一方有权请求法院强制其履行。

（二）仲裁技巧

（1）准备充分：在提交仲裁申请前，应确保已经收集到足够的证据来支持你的主张。在听证会上，也要准备好应对对方可能提出的各种问题和反驳。

（2）明确立场：在仲裁申请和听证会上，应明确陈述你的立场和理由，避免模棱两可或含糊不清的表达。

（3）尊重仲裁人的独立性：仲裁员作为中立的第三方，其作出的裁决对争议双方均有强制效力。因此，即使你不同意他们的裁决，也应尊重仲裁员的决定。

（4）保持冷静和专业：在仲裁过程中，应保持冷静和专业，避免情绪化或攻击性行为。这有助于维护自己的形象，并增加获得有利裁决的机会。

（5）了解仲裁规则：在仲裁前，应了解仲裁机构的规则和程序，以确保仲裁申请符合要求，并在听证会上遵守规定。

通过遵循这些仲裁程序和技巧，可以更有效地利用仲裁程序来解决争议，并增加获得有利裁决的机会。

四、诉讼程序和技巧

（一）诉讼程序

（1）起诉：原告需要向法院递交起诉状，起诉状中应包含原告和被告的基本信息、诉讼请求和理由、相关证据等。

（2）立案审查：法院在接到起诉书后，将进行审查以确定是否满足立案标准。若满足条件，法院将立案并通知原告方支付诉讼费用。

（3）庭审程序：案件立案后，法院将组织开庭审理。在庭审过程中，原告和被告均有权进行陈述、提交证据、进行质证以及辩论。法院还可能根据案件需要进行相应的调查。

（4）判决：在庭审结束后，法院会根据事实和法律，对案件进行判决。判决结果会以书面形式通知双方当事人，并说明判决的理由和依据。

（二）诉讼技巧

（1）充分准备证据和材料：在起诉前，应尽可能收集相关证据和材料，以支持自己的诉讼请求。

（2）明确诉讼请求和理由：在起诉状中，应明确陈述自己的诉讼请求和理由，避免模糊不清或过于笼统。

（3）尊重法庭和法官：在庭审中，应尊重法庭和法官的权威，遵守庭审纪律，不进行无关紧要的打断或争吵。

（4）保持冷静和专业：无论庭审过程中出现什么情况，都应保持冷静和专业，不进行情绪化或攻击性的行为。

（5）了解诉讼程序和法律规定：在诉讼前，应了解相关的诉讼程序和法律规定，以便更好地维护自己的权益。

知识案例 45

案例描述：

乘客张女士在乘坐某航空公司航班时，因座位调整与航空公司工作人员发生争执。张女士认为航空公司未能按照她的预订要求安排座位，导致她的旅行体验受到影响。张女士希望与航空公司协商解决这个问题，但不清楚具体的协商程序和技巧。

请思考并回答：

1. 协商解决争议的程序是什么？在协商过程中需要注意哪些技巧？

2. 如果协商不成，调解作为替代方案，其程序是怎样的？调解中有哪些关键技巧？

3. 仲裁作为解决争议的一种方式，其程序是什么？选择仲裁时需要考虑哪些因素？

4. 诉讼作为最后的解决途径，其程序是怎样的？在诉讼过程中需要注意什么？

项目三　民用航空法律救济机制

任务一　了解民事赔偿责任、刑事责任和行政处罚等法律救济方式的构成要件和适用范围

一、民事赔偿责任的构成要件和适用范围

（一）民事赔偿责任的构成要件

（1）行为，涵盖主动行为和消极不作为，指违背法律义务或法律所禁止的行为，这种行为导致了他人人身伤害。

（2）损害事实，是指因侵犯人身权利的行为使受害人遭受的损失，是人身损害赔偿案件中必须具备的条件。

（3）因果关系，即行为人需对自身行为所引起的损害后果负责。如果行为与结果之间不存在因果联系，则行为人无须担责。

（4）主观过错，包括故意和过失，指行为人在主观上故意或疏忽大意未能履行应有的注意义务。

（二）民事赔偿责任的适用范围

该规定主要用于处理侵犯他人民事权利的情形。当行为人的作为或不作为导致他人遭受人身伤害时，行为人需负有赔偿义务。赔偿内容包括但不限于医疗费用、护理费用、交通费用等因治疗和康复所必需的合理开支，以及因伤害导致的收入损失。若伤害导致残疾，还需支付残疾辅助器具费用和残疾赔偿金；若导致死亡，则需支付丧葬费用和死亡赔偿金。同样，如果行为人的行为导致他人财产受损，也必须承担相应

的赔偿责任。财产损失的计算方式可以是修复、折价赔偿、实物赔偿等，具体方式应根据实际情况确定。

重要的是要认识到，民事赔偿责任与民事义务是有所区别的。民事义务规定了义务人必须履行或不得进行的行为，它本身不具有惩罚性质；相对地，民事赔偿责任则是因违反义务而必须面对的法律后果，具有惩罚性质。此外，根据责任产生的基础，民事责任可划分为违反合同责任和侵犯权利责任。

二、刑事责任的构成要件和适用范围

（一）刑事责任的构成要件

（1）犯罪主体，指的是依法须承担刑事责任的个人或团体。在个人的情况下，是否达到刑事责任年龄以及是否具备刑事责任能力是决定其是否需承担刑事责任的关键因素。例如，完全无刑事责任能力的精神病人不需要承担刑事责任，而相对负刑事责任年龄的未成年人在犯特定罪行时也需要承担刑事责任。

（2）在犯罪的主观要件上，涉及故意犯罪、过失犯罪以及犯罪的目的和动机。故意犯罪的情形下，行为人意识到自己的行为可能导致对社会有害的后果，并且有意促成或放任这种后果发生。过失犯罪则是行为人本应能预见到自己行为可能对社会造成的危害，却因疏忽未能预见，或虽预见到但错误地自信可以避免，最终导致有害后果发生。

（3）犯罪客体指犯罪行为所侵犯的，受到中国刑法保护的社会关系。

（4）犯罪的客观要件涉及刑法规定的犯罪行为的客观实际特征，包括对社会造成危害的行为、造成的后果以及它们之间的因果联系等。

（二）刑事责任的适用范围

刑事责任主要针对的是犯罪行为，也就是违反了刑法规定，实施了对社会造成危害的行为，且这些行为依法应当受到刑事制裁。这些行为包括但不限于危害国家安全，破坏社会秩序，侵犯公民人身权利、财产权利等行为。

重要的是要认识到，刑事责任与行政责任有所区别，追究刑事责任属于最为严厉的惩罚措施，其刑罚可以包括死刑。同时，刑事责任的承担也需要符合法定程序和法律规定，确保公正、公平和合法。

三、行政处罚的构成要件和适用范围

（一）行政处罚的构成要件

（1）存在违法的实际行为，即有客观的违法事实。

（2）该违法行为的性质是违反了行政法律规范，行政处罚仅适用于违反行政法规的行为。

（3）违法者是具有责任能力的行政相对人，即行为人应具备承担行政责任的能力。

（4）违法行为依法应受到处罚，也就是只有法律明文规定应当处罚的违法行为，才可处以行政处罚。

（二）行政处罚的适用范围

行政处罚主要针对的是破坏行政管理秩序的行为，这些行为包括但不限于违反工商行政管理、税务管理、土地管理、资源管理等行政管理秩序的行为。针对此类违法行为，行政机构或其他行政实体有权依据法定职权和程序实施行政处罚，旨在维护公共利益和社会秩序，同时保障公民、法人以及其他组织的合法权益。

必须指出，行政处罚属于严格的行政措施，可能直接限制或剥夺违法者的身体自由或财产权利，因此其适用条件必须严格控制。同时，行政处罚的适用也需要遵循法定程序和法律规定，确保公正、公平和合法。

知识案例 46

案例描述：

乘客李先生在乘坐某航空公司的航班时，发现其座位上的安全带存在明显磨损，可能无法正常使用。他随即向机组人员反映此情况，但机组人员未予重视。在飞行过程中，因突遇气流，李先生因安全带失效而受伤。事后，李先生希望航空公司能对此事负责，并考虑采取法律手段维护自己的权益。

请思考并回答：

1. 在本案例中，航空公司要承担哪些法律责任？这些责任的构成要件是什么？

2. 民事赔偿责任、刑事责任和行政处罚的适用范围分别是什么？

3. 李先生应该选择哪种法律救济方式来维护自己的权益？

任务二　掌握各种法律救济方式的处罚方式和赔偿范围

一、民事赔偿责任的赔偿范围和处罚方式

（一）民事赔偿责任的赔偿范围

（1）个人伤害赔偿：涵盖因个人受伤而接受医疗所产生的各种费用，以及由于无法工作导致的收入损失，具体包括医疗费用、缺勤费、护理费、交通费、住宿费、住院膳食津贴、必要的营养补充费等。若导致残疾，则还需支付残疾赔偿、辅助设备费用、抚养费、康复护理费以及未来治疗费用。若受害者不幸身亡，则需进一步赔偿丧葬费用、死亡赔偿金，以及受害者家属在处理相关事宜时产生的交通费、住宿费和误工费等。

（2）财产损害赔偿：包括因侵权行为导致的财产损失，如财物的修复、折价赔偿、实物赔偿等。财产损失赔偿的计算方法应依据具体情形来定，例如可以基于受害者因此遭受的财产损失额度，或者侵权者由此获得的经济利益来确定赔偿额。

（3）精神损害赔偿：通常是指由于侵权行为造成受害人精神上的困扰和身体上的痛苦，对此应给予的赔偿。精神损害的具体赔偿额度需根据侵权行为的严重性、具体情况及其所造成的影响范围等因素来决定。

需要注意的是，民事赔偿责任的赔偿范围应根据具体情况确定，赔偿数额应根据实际损失和法律规定进行计算。同时，在民事赔偿纠纷中，当事人应当尊重法庭和法官的权威，遵守诉讼程序，以合法、公正、公平的方式解决纠纷。

（二）民事赔偿责任的惩罚方式

（1）终止侵害：在加害人的行为持续对受害人构成侵害时，受害人有权要求加害人终止侵害行为，防止损害的进一步扩大。

（2）消除障碍：若加害人的行为阻碍了受害人权利的行使或已造成损害，受害人可以要求加害人消除这种障碍。

（3）消除危险：当加害人的行为可能对受害人造成危险时，受害人可以要求加害人采取措施消除这种危险。

（4）返还财产：如果加害人非法占有了受害人的财产，受害人可以要求加害人返还该财产。

（5）恢复原状：如果加害人的行为导致受害人的财产受到损害，受害人可以要求加害人将财产恢复到损害发生前的状态。

（6）修理、重作、更换：对于物品损害，受害人可以要求加害人进行修理、重作或更换。

（7）赔偿损失：如果加害人的行为导致受害人遭受了经济损失，受害人可以要求加害人进行赔偿。

（8）支付违约金：在合同中约定违约金的情况下，如果加害人违反了合同义务，受害人可以要求加害人支付违约金。

（9）清除影响和名誉恢复：若加害人的行为导致受害人名誉受损，受害人有权要求加害人采取适当措施清除不良影响并恢复其名誉。

（10）诚挚道歉：对于精神上的损害，受害人可以要求加害人进行赔礼道歉。需要注意的是，以上处罚方式并非一定都会适用，具体应根据案件的情况和法律规定来确定。同时，民事赔偿责任的承担也需要遵循法定程序和法律规定，确保公正、公平和合法。

二、刑事责任的惩罚方式和赔偿范围

（一）刑事责任的刑罚类型

（1）主要刑罚：涉及限制自由的管制、短期自由剥夺的拘役、一定期限自由剥夺并强制劳动改造的有期徒刑、终身自由剥夺并强制劳动改造的无期徒刑，以及最严厉

的死刑，即剥夺犯罪人生命。

（2）附加刑罚：包括罚金，即法院判决犯罪人向国家支付一定金额的金钱；剥夺政治权利，指剥夺犯罪人参与国家管理和政治活动的权利；没收财产，指将犯罪人的部分或全部财产无偿收归国有。

（二）刑事赔偿的范围

刑事赔偿主要涵盖个人伤害赔偿和财产损失赔偿。个人伤害赔偿包括医疗费用、工作损失费、护理费、交通费、住院膳食补助费、赡养费、丧葬费等。财产损失赔偿则涉及因犯罪行为导致自然人、法人或其他组织的财产损坏，以及由此产生的直接经济损失，例如修理费用等。

需要注意的是，刑事赔偿的范围并非涵盖所有因犯罪行为造成的损失，而是有一定的限制。比如，如果某人故意提供虚假证词或制造伪证导致自己被拘留或判刑，或者依法不应承担刑事责任的人被拘留，国家将不负责赔偿。

三、行政责任的处罚类型和赔偿范围

（一）行政处罚的处罚类型

（1）警告：这是一种轻微的处罚，通常适用于轻微违法行为且未引起严重后果的情况。

（2）罚款：这是行政机关对违法行为人强制征收一定金额的处罚方式。罚款额度应依据违法行为的严重性、具体情况及其造成的损害程度来决定。

（3）追缴非法收益或没收非法财产：这是行政机关对违法行为人通过非法手段获得的财产或用于非法活动的财产进行没收的处罚方式。

（4）勒令暂停经营：这是行政机关要求违法行为人中止其生产或经营活动的处罚方式。这种处罚方式通常适用于严重违反行政法规、对公共利益造成重大危害的违法行为。

（5）扣留或撤销许可证和执照：行政机关通过此方式暂时或永久取消违法行为人进行特定活动或职业的资质。

（6）行政扣留：行政机关对违法行为人施加的短期人身自由限制，属于较为严厉的行政处罚，一般适用于严重违反行政法规并对社会秩序造成较大影响的行为。

（二）行政处罚的赔偿范围

依据《中华人民共和国国家赔偿法》，当行政机关或其工作人员在执行行政权力过程中侵犯了公民、法人或其他组织的合法权益并造成损害时，受害者有资格获得赔偿。赔偿范畴包括对人身自由、生命健康及财产损害的赔偿。具体的赔偿项目和数额应依据实际损害和法律规定来确定。

需要注意的是，行政处罚的赔偿并非自动产生，受害人需要依法向赔偿义务机关提出赔偿申请。若赔偿义务机关拒绝赔偿或赔偿申请人对赔偿的裁决持有异议，他们可以依据法律向人民法院提出行政赔偿之诉。

知识案例 47

案例描述：

某航空公司在执行一次国际航班任务时，因机械故障导致飞机在飞行过程中紧急迫降。在这次事件中，多名乘客受伤，部分乘客的行李损坏，且航班延误给乘客带来了经济损失。乘客们希望航空公司能对此次事件负责，并寻求法律救济。

请思考并回答：

1. 民事赔偿责任涵盖哪些赔偿内容？

2. 刑事责任的处罚方式有哪些？

3. 行政处罚的处罚方式是怎样的？

项目四　民用航空争议解决与国际合作

任务一　掌握国际民用航空争议解决的概念和特点等

一、国际民用航空争议解决

（一）概念

国际民用航空争议解决主要指的是在国际民用航空领域，当各国之间，航空公司与乘客之间，或者航空公司与其他相关方之间出现分歧、冲突或纠纷时，通过一系列法律手段和方法来寻求公正、合理和有效的解决方案的过程。这些争议可能涉及航空运输、航空安全、航空器适航性、航空服务等多个方面。

处理国际民用航空纠纷的方法丰富多样，不仅包括协商、调解、仲裁，还可以通过诉讼等途径。其中，协商和调解是较为常见的非诉讼解决方式，它们注重通过双方或多方的沟通和妥协来达成和解。仲裁则是一种更为正式和具有约束力的解决方式，通常由独立的仲裁机构或仲裁员根据双方提交的证据和法律规定进行裁决。而诉讼则是通过法院进行审理和判决的方式，其判决结果具有法律强制力。

在国际民用航空争议解决过程中，需要参考和遵循国际公约、双边协议等国际法律文件，以及各国国内法律规定。这些法律文件为争议解决提供了法律依据和参考，有助于确保解决方案的公正性和合理性。

总的来说，国际民用航空争议解决是一个综合性的过程，旨在通过法律手段和方法解决国际民用航空领域中的分歧、冲突和纠纷，维护各方利益和国际航空秩序的稳定。

（二）特点

国际民用航空争议解决的特点主要包括以下几个方面。

（1）跨国性：国际民用航空争议解决涉及不同国家和地区之间的法律、规则和标准差异。争议可能涉及多个国家的航空公司、乘客、机场管理机构等，因此解决争议需要考虑不同国家的法律体系和司法制度，可能需要进行跨国诉讼或仲裁。

（2）专业性：国际民用航空争议解决涉及高度专业化和技术化的领域，如航空器适航性、航空安全、航空运输规则等。解决争议需要依赖具有相关专业知识和经验的专业人士，如航空法专家、飞行技术人员等，以确保解决方案的科学性和合理性。

（3）复杂性：国际民用航空争议解决可能涉及多个利益方和复杂的法律关系，例如，涉及航空公司与旅客之间的契约关系，以及航空公司与国家间的法律纽带等。这些复杂的法律关系可能导致争议解决过程的复杂性和困难性增加。

（4）保密性：国际民用航空争议解决可能涉及商业机密、个人隐私等敏感信息，需要保护相关方的合法权益和隐私。因此，在争议解决过程中需要采取严格的保密措施，确保相关信息不被泄露或滥用。

（5）多元化：解决国际民用航空争议的方法丰富，涵盖协商、调解、仲裁和诉讼等途径。各种方法都有其独有的特征和适用场景，应根据案件的实际情况来挑选最合适的解决策略。

综上所述，国际民用航空争议解决具有跨国性、专业性、复杂性、保密性和多样性等特点。这些特点要求争议解决机构和专业人士具备高度的专业素养和国际视野，能够灵活应对各种复杂情况，为各方提供公正、合理和有效的解决方案。

二、国际民用航空争议解决的程序和内容

（一）国际民用航空争议解决的程序

在国际民用航空领域，争议解决是一个复杂而精细的过程。它通常遵循以下程序。

1. 协商解决

争议双方首先尝试通过直接协商来解决分歧。这是最直接且成本最低的解决方式。

2. 调解和仲裁

当协商未能解决问题时，双方可以选择调解或仲裁。调解是一种非正式的争议解决方式，而仲裁则是一种更为正式的程序，仲裁裁决具有法律约束力。

3. 国际诉讼

如果上述方式均未能解决争议，争议双方可以将案件提交至国际法院或专门的航空法庭。国际诉讼的程序以及内容，概括如下。

（1）程序：

1）立案阶段：当事人需要向国际法院或仲裁机构提出诉讼申请，并提交所需的材料和证据。

2）书面程序：包括诉状、辩诉状、答辩状及可资佐证的各种文件和公文书的交换。

3）口述程序：国际法院审讯证人、鉴定人、代理人、律师和辅助人。

4）辩论终结：院长宣告辩论终结，之后法官进行评议和讨论判决。

5）判决宣读：法院作出判决后在公开庭上宣读，判决自宣读之日起对各当事具有拘束力。

6）判决的终局性：国际法院的判决为终局判决，不得上诉。

（2）内容：

1）争端事件的明确：请求书中应载明争端事件的具体内容和诉讼请求的理由。

2）代理人和律师的参与：各当事国由代理人代表其参与诉讼，并可以派律师或辅助人予以协助。

3）诉讼参与人的特权和豁免：在诉讼期间上述诉讼参与人享有必要的特权和豁免。

4）审讯过程：法院在审讯时得向代理人、律师和辅助人提出问题并要求他们解释。

5）管辖权的确定：根据《蒙特利尔公约》第三十三条，损害赔偿诉讼必须在一个当事国的领土内，由原告选择，向承运人住所地、主要营业地或者订立合同的营业地的法院，或者向目的地点的法院提起。

6）上诉程序：当事国对国际民航组织理事会的裁决可以上诉至临时仲裁庭或是国际法院。

7）裁决的效力和后果：《国际民用航空公约》第八十六条规定了上诉过程中国际民航组织裁决的效力。第八十七条和第八十八条则规定了违反国际民航组织裁决航空公司和主权国家所需承担的后果。

国际诉讼程序要求严格的法律程序和高标准的证据要求，以确保争议得到公正和有效的解决。通过上述程序和内容的详细描述，可以看出国际民用航空争议解决的复杂性和国际法框架下诉讼的严谨性。

4. 国际公约和条约

国际民用航空争议解决过程中，必须遵循相关的国际公约和条约，如《芝加哥公约》

和《蒙特利尔公约》等，这些公约为争议解决提供了法律框架。

（二）国际民用航空争议解决的内容

国际民用航空争议解决涉及的内容包括但不限于下面几条。

（1）赔偿责任：涉及乘客、货物和邮件的损害赔偿问题。

（2）安全标准：各国航空安全标准的合规性问题。

（3）航空权：包括航线权、过境权等航空服务权利的争议。

（4）环境保护：航空器对环境影响的争议解决。

三、国际民用航空争议解决与国内民用航空争议解决的异同

（一）相似之处

（1）法律原则：两者都基于一定的法律原则和规则，无论是国内法还是国际公约。

（2）程序正义：都强调程序的公正性和透明度，以确保争议双方的权益。

（3）赔偿责任：在争议解决中，赔偿责任的确定是共同关注的问题。

（二）不同之处

（1）法律框架：国际民用航空争议解决依赖于国际公约和多边协议，而国内争议解决主要依据国内法律。

（2）管辖权：国际争议可能涉及多个国家的法律管辖，而国内争议通常只涉及单一国家的法律体系。

（3）文化和政治因素：国际争议解决需要考虑不同国家的文化和政治差异，而国内争议解决则主要考虑本国的具体情况。

（4）执行力度：国际裁决的执行可能受到各国政治意愿的影响，而国内裁决的执行通常较为直接和有力。

综上所述，国际民用航空争议解决是一个涉及多方面因素的复杂过程，它与国内民用航空争议解决在程序和内容上既有相似之处，也有显著的不同。了解这些异同对于有效解决争议至关重要。

知识案例 48

案例描述：

在国际民用航空领域，各国之间以及航空公司与乘客之间时常会发生各种争议。这些争议可能涉及航空安全、服务质量、损害赔偿等方面。为了解决这些争议，国际民用航空组织（ICAO）和各国政府制定了一系列国际公约和双边协议，旨在构建一套高效的争议处理和法律补救体系。

请思考并回答：

1. 什么是国际民用航空争议解决？其特点和重要性是什么？

2. 国际公约在解决国际民用航空争议中扮演了怎样的角色？请列举至少一个相关公约。

3. 双边协议在国际民用航空争议解决中有哪些作用？能否提供一个具体的双边协议示例？

任务二　了解国际合作与区域合作机制的实践和发展趋势

一、实践国际与地区层面的合作机制

国际合作与区域合作机制在实践中展现出多样性和复杂性。这些机制主要基于共同的目标和利益，通过政策协调、资源共享、风险共担等方式来推动合作。

以欧盟为例，它是一个典型的区域合作机制。欧盟通过制定共同的规则和政策，推动欧洲地区的经济一体化和区域安全合作。此类协作体系不仅推动了成员国间的贸易自由化，还增进了政策的一致性和经济的整合。

在亚洲区域，东南亚国家联盟成员国间也已发展出合作体系。通过制定共同的规

则和政策，东盟国家推动了亚洲地区的经济一体化和区域安全合作。此外，亚太经合组织（APEC）和欧洲自由贸易联盟（EFTA）等区域性的贸易协定也是加强区域合作的重要手段。这些贸易协议通过减少关税和贸易障碍，推动了成员国间的贸易自由化进程。

诸如国际货币基金组织（IMF）和世界贸易组织（WTO）等国际金融机构，在促进全球经济一体化方面扮演了关键角色。它们通过制定共同的规则和标准，推动成员国间的经济合作和发展。

在国际合作方面，各国应遵循平等相待和共同发展的原则，建立起互利共赢的合作关系。例如，在应对全球性的挑战如气候变化、公共卫生等方面，各国需要加强合作，共同制订解决方案。

总的来说，国际合作与区域合作机制的实践是一个不断发展和完善的过程。随着全球化的深入发展，这些机制将发挥更加重要的作用，促进各国之间的合作与发展。

二、国际合作与区域合作机制的发展趋势

国际合作与区域合作机制的发展趋势可以归结为以下几个方面。

（1）深化与扩展：随着全球化的深入发展，国际合作与区域合作将不断深化和扩展。各国将更加重视通过合作来解决共同面临的问题，如气候变化、公共卫生、恐怖主义等。此外，合作范围也将得到拓展，覆盖政治、经济、文化等众多领域。

（2）制度化与规范化：国际合作与区域合作将更加注重制度化和规范化。各国将通过制订共同的规则和标准，建立起更加稳定和可持续的合作机制。这有助于降低合作过程中的不确定性与风险，从而提升合作的效率。

（3）区域融合：区域融合将成为国际协作与区域协作的一个关键走向。在地理上相邻的国家之间，通过建立更加紧密的合作机制，促进区域内的经济、政治、文化等方面的融合和发展。这有助于增强区域的整体竞争力，推动地区的繁荣与稳定。

（4）多边主义：多边主义在国际合作与区域合作中将发挥更加重要的作用。各国将更加注重通过多边机制和平台来解决国际问题，维护国际秩序。这有助于平衡各国之间的利益，减少单边主义和霸权主义的影响。

（5）科技创新引领：科技与创新将作为推进国际与区域合作的关键驱动力。随着科技的不断进步和创新，各国将更加注重在科技、教育、创新等领域开展合作，共同推动全球科技进步和经济发展。

综合来看，国际合作与区域合作机制的发展趋势将更加注重深化与扩展、制度化与规范化、区域一体化、多边主义以及科技与创新驱动。这些趋势将有助于推动全球范围内的合作与发展，共同应对全球性挑战，实现共同繁荣与进步。

三、国际组织的作用

国际组织在国际舞台上扮演着关键作用。

首先，国际组织能够推动不同国家的政府在政治、经济、文化等多个领域进行对话、协调和合作。它们以独立的身份进行活动，是国际社会中的重要参与者。国际组织通过建立规则和标准，助力全球市场的扩展、贸易和投资的增长，增加世界各国间的相互依存，减少暴力冲突的可能性，从而有助于克服集体行动困难。

其次，国际组织在调解和处理国际间政治对立和经济争端方面扮演着关键角色。它们为成员国提供谈判和协商的场所，帮助解决争端，缓解国家间的矛盾，从而有助于维护世界和平。

此外，国际组织还可以协助社会发展共同的价值观和规则。尽管存在对普世价值观的质疑，但国际组织在推动全球治理、促进可持续发展等方面仍然发挥着积极作用。

当然，国际组织的影响力也存在一定的限制。它们受到成员间矛盾、大国控制等因素的影响，有时可能无法充分发挥作用。同时，国际组织也可能存在性别偏见和其他问题，需要关注和改进。

总体而言，国际组织在国际社会中扮演着建设性的角色，推动各国之间的合作与进步，保障全球的和平稳定。但也需要认识到其作用的局限性，并不断努力改进和完善。

知识案例 49

案例描述：

假设某国际航班在飞行过程中发生了一起空中相撞事故，导致多名乘客伤亡。事故涉及两个不同国家的航空公司，且事故发生地位于第三国的领空。事故发生后，各国政府、国际民用航空组织以及相关航空公司需要迅速行动，展开调查、救援与善后工作。

请思考并回答：

1. 在此案例中，国际合作与区域合作机制如何发挥作用？

2. 国际组织在此类事故中扮演了哪些角色？

3. 跨国诉讼的便利化措施在此案例中如何体现？

国内外涉及"民用航空争议解决与法律救济法律规制"的主要法律依据

1. 国内

（1）《中华人民共和国民事诉讼法》：这是一部规定民事诉讼程序的基本法律，适用于民用航空争议解决中的民事诉讼部分。它详细规定了起诉、受理、审理、执行等程序，为当事人提供了法律救济的途径。

（2）《中华人民共和国仲裁法》：仲裁作为一种解决民事争议的机制，同样适用于民用航空领域的纠纷。该法规定了仲裁的基本原则、仲裁协议、仲裁程序等内容，为争议双方提供了一种灵活高效的纠纷解决机制。

（3）《中华人民共和国行政诉讼法》：在牵涉行政行为的民用航空纠纷中，当事人可通过行政诉讼寻求法律上的补救。该法规定了行政诉讼的受理范围、诉讼程序、法律责任等，保障当事人的合法权益。

（4）《中华人民共和国行政复议法》：行政复议指的是行政相关人对某一行政行为有异议时，可申请对该行为进行再审的一种法律补救手段。在民用航空领域，当事人如对行政机关的决定不满，可以依法申请行政复议。

2. 国际

（1）《国际民用航空公约》及其附件：尽管公约本身主要关注民用航空的技术和运营方面，但它也为解决国际民用航空争议提供了一个框架。公约鼓励各国通过协商和合作解决争议，并可能涉及国际民用航空组织的调解或仲裁机制。

（2）国际仲裁规章：诸如国际商会（ICC）、伦敦国际仲裁院（LCIA）等国际仲裁组织所订立的仲裁规章，经常被用来处理国际民用航空领域的争议。这些规则详细规定了仲裁程序、证据规则、裁决执行等，为国际民用航空争议的解决提供了明确的指导。

此外，还需要注意，随着国际民航领域的不断发展和变化，以及新技术的应用和新兴法律问题的出现，相关的法律文件也可能会进行修订和更新。

单元题库

参考文献

[1] 刘伟民 . 航空法教程：修订版［M］. 北京：中国法制出版社，2001.

[2] 赵维田 . 国际航空法［M］. 北京：社会科学文献出版社，2000.

[3] 吴建端 . 航空法学［M］. 北京：中国民航出版社，2005.

[4] 邢爱芬 . 民用航空法教程［M］. 北京：中国民航出版社，2007.

[5] 崔祥建，吴菁，成宏峰 . 民航法律法规与实务［M］. 北京：旅游教育出版社，
2007.

[6] 马松伟，李永 . 中国民用航空法简明教程［M］. 北京：中国民航出版社，2007.

[7] 辜英智，刘存绪，魏春霖 . 民用航空法律法规基础［M］. 成都：四川大学出版社，
2017.

[8] 聂文俊 . 民航法律法规［M］. 2 版 . 北京：航空工业出版社，2021.

[9] 王剑辉 . 民用航空法规［M］. 成都：西南交通大学出版社，2017.

[10] 吴念祖 . 机场建设管理的理念、组织和方法［M］. 上海：上海科学技术出版社，
2013.

[11] 苗俊霞，周为民，车云月 . 民用航空安全与管理［M］. 2 版 . 北京：清华大学
出版社，2020.

[12] 杨惠，郝秀辉 . 航空法评论：第 6 辑［M］. 北京：法律出版社，2017.

[13] 张书琴 . 民用航空法律责任研究［M］. 北京：法律出版社，2020.

[14] 董念清 . 航空法案例选评：第 1 辑［M］. 北京：中国法制出版社，2021.

[15] 杨惠，郝秀辉 . 航空法学原理与实例［M］. 2 版 . 北京：法律出版社，2017.

［16］卢刚.航空法案例教程：法理学卷［M］.北京：知识产权出版社，2018.

［17］贺富永.航空法学基本理论研究［M］.北京：科学出版社，2014.

［18］姚琳莉.民用航空法案例教程［M］.2版.北京：科学出版社，2019.

［19］黄卉.航空法律前沿问题研究［M］.北京：法律出版社，2010.

［20］张铁纯，刘珂.人为因素和航空法规：ME、AV［M］.2版.北京：清华大学出版社，2017.

［21］郭莉.民用航空法概论［M］.北京：航空工业出版社，2010.

［22］张佳羽.我国民用航空法律体系的赋能作用［J］.中国航务周刊，2022（28）：54-56.

［23］王国军，马倩.构建中国通用航空保险制度的路径研究［J］.北京航空航天大学学报（社会科学版），2022，35（5）：139-152.

［24］程艳霞.我国空域资源使用法律制度构建研究［D］.天津：中国民航大学，2022.

［25］李大朋.论中国航空器权利体系：现状、问题与完善［J］.北京航空航天大学学报（社会科学版），2022，35（3）：158-165.

［26］王晶.从民航安全看航空器适航责任及法律运行机制：基于波音737系列事故的分析［J］.广西大学学报（哲学社会科学版），2022，44（4）：172-179.

［27］杜鸣晓，杨志东，刘磊.基于监管效能的通用航空安全管理研究［J］.民航管理，2022（5）：35-38.

［28］宋刚，耿绍杰.论国内航空托运行李运输承运人责任制度［J］.南京航空航天大学学报（社会科学版），2021，23（1）：83-89.

［29］孙宁，苗颖.我国通用航空法律体系的重构思考［J］.郑州航空工业管理学院学报（社会科学版），2020，39（3）：5-12.

［30］董念清.民航空难事故赔偿：制度检视与完善路径［J］.法学杂志，2018，39（10）：73-84.

［31］杨彩霞，方远.中国通用航空民事损害赔偿制度研究［J］.北京航空航天大学学报（社会科学版），2018，31（5）：69-77，109.

［32］李婧辉.我国航空器融资租赁登记制度研究［D］.天津：中国民航大学，2018.

［33］李白杨.民用航空事故致乘客受害的损害赔偿制度及其完善［J］.法制博览，2016（12）：179-180.

［34］许珂.航空旅客运输延误法律问题研究［D］.大连：大连海事大学，2016.

［35］沈劈峰.行政法学视野中的民用航空器事故调查［J］.惠州学院学报，2016，36（2）：12-16，47.

［36］郝秀辉.论"航空运输总条件"的合同地位与规制［J］.当代法学，2016，30（1）：101-111.

［37］田先华.关于我国航空器对第三人损害赔偿制度缺陷的探讨［J］.法制博览，2015（30）：24-26.

［38］袁发强，施天翊.中国航空旅客不轨行为法律规制探究［J］.北京航空航天大学学报（社会科学版），2016，29（1）：29-35.

［39］肖易儒.航空人员的法律责任浅析［J］.才智，2015（28）：246.

［40］慕楠，杨倩.航空飞行事故相关责任分析［J］.商，2015（18）：226.

［41］都培丽.国际航空事故中旅客人身损害赔偿研究［D］.上海：华东政法大学，2015.

［42］董念清.中国通用航空发展现状、困境及对策探析［J］.北京理工大学学报（社会科学版），2014，16（1）：110-117.

［43］刘伟民.论航空运输延误和"超售"拒载的违约责任［J］.北京航空航天大学学报（社会科学版），2011，24（6）：28-34.

［44］翁德超.我国航班延误的违约责任规制研究［D］.上海：上海社会科学院，2013.